歴史文化ライブラリー

471

細川忠利

ポスト戦国世代の国づくり

稲葉継陽

JN204165

目　次

ポスト戦国世代とは――プロローグ

「天下泰平」

江戸時代は、時代劇や歴史小説の題材にじつに頻繁に取り上げられる。歴史学の時代区分においては、「近世」（Early Modern）と呼ばれ、産業革命以前に、世界の各地域で現代にまでつながる個性ある社会制度や国家秩序が形成されてきて、それらが定着した時代、という意味が込められている。

だが、私たちが持つ江戸時代への印象は、必ずしも芳しいものではないだろう。徳川家《とくがわいえ》康《やす》は、「百姓は生かさぬように、殺さぬように」と言ったとされるし、「水戸黄門《みとこうもん》」に出てくる庶民は悪政に対してまったく無力。たまたま通りかかった「ご老公様」に助けてもらえる幸運な人々のほかは、悪代官に泣き寝入りしているしかない。「鎖国」体制は、抑圧の徳川支配を世界史から隔離して維持させる役割を果たし、そのために日本は欧米諸国から立ち遅れ、不平等条約を押し付けられることになったのだと。「日本の近代」は江戸時代の完全否定によってはじめて開けたのだという国民的歴史認識といってもよい。

しかし、あらためて世界史の年表を見てみよう。一六一八年に勃発した三十年戦争から、十九世紀はじめのナポレオン帝国の形成・崩壊まで、同時代のヨーロッパは戦争つづきであった。しかしその間に、日本は内戦も対外戦争も凍結維持していた、という客観的事実がある。この長期平和状態を「天下泰平《てんかたいへい》」といった。

十九世紀になって、戦乱のヨーロッパからやってきた知識人たちの目に、「天下泰平」の江戸時代の社会はどのように映ったのだろうか。一八一一年、ロシア軍艦長として千島《ちしま》列島を測量中に松前《まつまえ》奉行支配下の南部《なんぶ》藩士に捕えられ、箱館《はこだて》・松前に二年間拘禁されたゴロウニンは、その間に得られた日本社会に関する知見を、たとえば次のように表現している（『日本幽囚記《にほんゆうしゅうき》 下』）。

日本の国民教育については、全体として一国民を他国民と比較すれば、日本人は天下を通じて最も教育の進んだ国民である。（中略）だから庶民にとってはこれ以上、開化の必要は少しもないのである。

二〇〇年間以上も維持された「天下泰平」は日本の民間社会を成熟させ、ロシア帝国海軍のエリートを驚かしていたのであった。同時代の世界史上でも稀な江戸時代の長期平和こそが、じつは日本社会の成熟を実現させる条件となり、したがって近代日本のあり方を決定づけたのではないか。こうした観点で年表を見れば、江戸時代の歴史が鎌倉幕府成立期から戦国動乱にいたるまでの、いわば戦争の中世を克服した地点に成立し、そして長期維持された、平和の歴史であった事実に気づくであろう。

長期に及んだ「天下泰平」は、技術・経済・教育・思想などの諸分野で、民間社会の成熟をもたらし、その後の日本とアジアの歴史に大きな影響を与えた。だから、江戸時代の平和状態がいかにして長期維持されたのか、その秘密にあらゆる角度からせまることは、現在、日本史研究における最も重要なテーマの一つとなっている。

戦国時代の社会変動―家・村・大名家

細川忠利《ほそかわただとし》（一五八六～一六四一）は、元和七年（一六二一）に豊前小倉《ぶぜんこくら》藩主となり、次いで寛永九年（一六三二）に改易《かいえき》となった加藤家の跡をうけて、小倉から肥後《ひご》熊本へと移り、細川家熊本藩主の初代となった。細川忠興《ただおき》（一五六三～一六四六）を父に、明智光秀《あけちみつひで》の娘・玉《たま》（ガラシャ、一五六三～一六〇〇）を母に持つ忠利は、いわば「ポスト戦国世代」であった。

戦国武将を父と仰ぐ忠利の世代は、戦国動乱から「天下泰平」の確立へと転換する日本歴史上の最大の変革期の渦中で育ち、統治者としての自己を形成していった。忠利による国づくりのあり方を通して、この重要な時代の特質を理解するのが本書のテーマである。

図1　細川忠利像（公益財団法人永青文庫蔵）

その前提として、戦国動乱の社会的要因についてながめておく必要があるだろう。
およそ十五世紀の後半から、中世の侍（武士）と百姓は、身分ごとの新しい地縁的な組織を形成させ、社会の構造を大きく変化させていった（稲葉継陽『戦国時代の荘園制と村落』、同『日本近世社会形成史論』）。
十四世紀の内乱を克服した武士たちは、土着の領主（在地領主）として、それまでの荘園体制の枠組みを超えた、より領域的な支配を展開していく。彼らは籠城《ろうじょう》用の山城《やまじろ》（詰の城）と麓《ふもと》の館、それに家臣団集住区からなる本拠城郭を、交通の要所に形成された町場の近隣に構築し、町場と周辺の農山漁村とが織りなす経済関係に依存することで、領域支配を強化しようとした。こうした段階の在地領主を、研究上では国人《こくじん》領主と呼ぶ。

一方、十二世紀以降に定着した「百姓」という身分呼称は、農業をはじめとする生産活動一般に従事して年貢等を領主に納入する勤労民衆を指す公的名称として、江戸幕末まで用いられた。そして十五・六世紀の百姓らは、江戸時代から近代にまでつづく自前の社会組織、すなわち家と村を形成させていく。

「家」は単なる家族とは異なり、田畑屋敷に代表される家産そして家業を不分割一体のまま次の世代に相続していく永続的な社会組織である。もし血縁者に家産・家業相続適任者がいない場合、非血縁者を養子に迎えることが一般的に行われた。家の存続は血縁の有無に優越する価値を有したのだった。この時代に、百姓の苗字が成立することも知られるが、苗字の本質は家名《かめい》であり、その出現は、家の永続性を象徴するものであった。

こうして家は百姓の存立基盤となっていったが、それらは個々ばらばらに存在したわけではない。複数の家が地縁的に結合して、「惣」「百姓中」「地下《じげ》」などと自称する「村」がひろく形成されたのも、戦国時代であった。村は単なる集落ではなく、合議・多数決制による意思決定を行い、村の掟《おきて》を制定し、その掟をみずから執行し、村内の各家から村役《むらやく》を徴収して独自の財政を運用する、百姓独自の自治組織として発展した。このような自治的身分団体としての村を、研究上では村共同体と呼んでいる。家はこのような村に帰属してこそ、再生産が可能となったし、より下層の住民たちも、村のもとで共同体的な保護を受けることによって、家を形成させることができたのだった。

元和八年（一六二二）に小倉藩細川家で実施された戸口調査の結果をまとめた「人畜改帳《にんちくあらためちょう》」（『大日本近世史料』）によれば、一〇郡で構成される同藩領三九万九〇〇〇石から細川三斎《さんさい》隠居領三万七〇〇〇石を除いた三六万二〇〇〇石のうちに存在した村数は八八五に達し、一村あたりの家数平均は五八・三であった。十七世紀初期の北部九州地域では、そうした規模の村が一郡に平均九〇ほど存在していたことになる。戦国時代に形成された村共同体は、こうして江戸時代の村へとつながり、さらに近現代の大字単位の自治会等の地域コミュニティへと連続していった。戦国時代が、現在につながる日本社会の特質が生みだされた重要な変動期であったことが理解できるだろう。

村が百姓身分の永続的な団体として発達してくると、百姓側からの要求によって、年貢納入の方法も大きく変化する。個々の百姓の家は、まず村に対して年貢等を納入し、領主には村として年貢を納める、村請制の成立である。こうして村共同体は、領主に対して年貢等の納入を請負う法的な主体（法人格）となっていった。それはまた、いくつもの村々が地域的に連合して、領主に対する自己主張を展開する条件が形成されたことをも意味した。

戦国時代、国人領主らはこうした社会状況に対応しながら武士領主階級の共同利益を実現するために、広範な領域を共同統治する組織を作りだす必要にせまられた。そうして、在地領主の家々が所領紛争を停止して連合し、より大きな家の形態をとった大名家の組織、すなわち戦国大名が創出されたのであった。

百姓の家、村、在地領主の家、そして大名家によって構成される戦国社会は、重層的な団体社会であった。

戦国時代の二つの戦争

大名家は地理的な領域を自力で保持する軍事権力であり、大名家と村共同体との間には、いつも階級的な緊張関係が存在していた。そのため、戦国時代には武力行使を伴う二つの紛争が頻発することになった。

第一は、大名家どうしの領土紛争「国郡境目相論《こくぐんさかいめそうろん》」だ。戦国大名の領国は既存の国や郡の地理的枠組みに沿って形成されることが多く、大名どうしの戦争は、多くの場合その境界領域を争う領土紛争として展開された。

第二は、百姓の対領主闘争「土一揆《つちいっき》」である。百姓は大規模に連合して大名家などに

「徳政」を要求して実力を行使した。一揆とは、ある目的のために日常の対立関係を超えて結ばれた集団のことで、中世ではしばしば武力行使のユニットともなった。徳政とは、武力によってではなく為政者の恩徳によってなされる民のための理想的な政治のことで、その要求の正当性は、東アジア世界に共通する儒教の徳治《とくち》思想に基づいていた。土一揆とは、百姓の別称「土民《どみん》」による一揆の意である。

戦国時代の百姓は、大名家の悪政を決して野放しにしなかった。十五世紀末に加賀の守護を倒して一〇〇年間もの地域支配を実現した「加賀一向一揆《いっこういっき》」は、当時は「土一揆」と呼ばれていたし、一揆は信長《のぶなが》・秀吉《ひでよし》、そして家康をはじめとする初期の徳川将軍に対しても、強烈な自己主張を展開した。足利将軍義昭《よしあき》の側近として信長の京都進出にチャンスを提供し彼に仕えた細川藤孝《ふじたか》（幽斎《ゆうさい》）は、忠利の祖父だが、彼は信長そして明智光秀とともに、「本能寺の変」の二年前まで一揆との激突の現場に立ち続けねばならなかった。忠利の居城となる熊本城を築いた加藤清正《かとうきよまさ》も、元来は豊臣政権の検地に反対する肥後の国人領主・百姓の一揆に対処するために、熊本に入ったのであった。そして、確立期にあった幕府体制を揺るがした島原《しまばら》・天草《あまくさ》一揆は、「最後の土一揆」と評価されている（神田千里『島原の乱』）。この過程で、何万もの百姓と武士が命を落とした。

これらの戦争こそが、戦国動乱の内実を構成していた。わけても土一揆は、大名家と村共同体が組織を強化すればするほど激化する性格を有しており、十六世紀をいわば内戦の世紀とさせる要因となったのだ。

ポスト戦国世代の歴史的使命

じつに「天下泰平」は、国郡境目相論とともに土一揆を長期凍結させることによって実現された。その画期となったのは、大名家と百姓の武力行使・武装権や公訴権を対象とした豊臣政権の一連の政策であった。藤木久志はこれを「豊臣平和令」と命名した。しかし、豊臣政権は個々の大名家が保持している軍団を解体再編成することはできなかったし、百姓を武装解除することもできなかったのである。それは徳川の体制とて同様であった（藤木久志『豊臣平和令と戦国社会』、同『刀狩り』）。十七世紀初期には、二七〇もの大名家の軍隊と、武器を所有する百姓らの村々がじつに六万、列島上にひしめき合っていたのである。こうした状況下で「天下泰平」を実現・維持した力とは、いったい何だったのだろうか。

本書の主人公細川忠利は、秀吉・家康の次の世代で「天下泰平」の確立を担った大名を代表する人物である。戦国武将ブームの昨今、父祖の世代に比べると、忠利らの世代は影が薄いイメージがある。しかし、もしも忠利らポスト戦国世代がしっかりせずに、戦国の世に逆戻りするようなことになったとしたら、日本の歴史はどうなっていただろうか、想像してみてほしい。

武士領主による新しい地域統治のあり方を体系化して安定させ、それを基礎にした政治秩序を立ち上げて、「天下泰平」のかたちを確立すること。そうして戦国の動乱へと歴史を決して逆行させないことが、忠利らポスト戦国世代の歴史的な使命であった。

「天下泰平」担うべきサラブレッド

ポスト戦国世代の国持大名《くにもちだいみょう》・細川忠利。彼が細川家当主であった元和七年（一六二一）から寛永十八年（一六四一）までの約二〇年間の実践は、諸大名を代表する統治者として、自己を鍛え上げる過程であった。

江戸時代初期の大名家にとって、土一揆の戦国時代はいまだ遠い過去ではなかった。この時期の大名家の顔ぶれを見てみよう。仙台の伊達《だて》家、萩の毛利《もうり》家、鹿児島の島津《しまづ》家といった一部の国持大名以外は、どこも織豊《しょくほう》期以降にまったく新しく取り立てられた家であることに気づくであろう。数代前の先祖さえ不分明な連中だから、百姓支配に有効な権威も経験も持ち合わせてはいない。しかし武力に頼れば戦国時代へ逆戻りである。彼らは「天下泰平」の時代の領主としての統治法を、実地に、初歩から学ばねばならなかった。百姓の側は、そうした大名の統治の実情を注意深く観察し、問題点や矛盾点を衝《つ》いてくる。武士領主と百姓とが互いの武力行使を抑制しながら、支配をめぐるぎりぎりの交渉を続けていく。その限りで土一揆の凍結が維持されたのだった。

忠利の祖父は細川藤孝（幽斎）と明智光秀。まさに忠利こそ〝ポスト戦国世代のサラブレット〟と呼ぶにふさわしい。しかも、元和七年に小倉藩三九万九〇〇〇石を忠興から継承し、その一一年後には肥後熊本藩五四万石に大幅加増《かぞう》された忠利は、諸大名の模範として理想的な国づくりを実現せねばならないという使命感を強めていく。忠利は、初期幕藩体制のもとでのエリートであった。

一向一揆の昔に帰るな

寛永十四年（一六三七）十一月十日、肥前《ひぜん》島原で一揆の武力行使が勃発した直後、養生先の鎌倉で第一報を聞いた五二歳の忠利は、将軍徳川家光《いえみつ》の一揆への対応姿勢について、父の細川三斎（忠興）に次のように伝えていた（『原史料で綴る天草島原の乱』二八〇号）。

上様思召候ハ、昔の一向宗《いっこうしゅう》のことく候ハ、長崎をはしめ知不申と思召候故、人数も入可申かと思召候由ニ候、

かつて織田信長と全面対決した一向一揆のように、この一揆が拡大長期化すれば、外交窓口として最も重要な直轄地である長崎をはじめ九州の支配はおぼつかなくなる。家光はそうした事態を防ぐために、大規模な軍事動員を行う意向だ、というのである。

実際に家光の口から「一向宗」という表現が出たかどうかを確かめる術はないけれども、社会を戦国乱世の状況に逆戻りさせてはならないという認識が、ポスト戦国世代の領主階

級に共有されていたことは事実であろう。わけても、幕府中枢の権力から離れた遠国《おんごく》である九州での国づくりを担当した忠利の任務の重みは、特筆すべきものだったのだ。

戦国の一揆の世に歴史を逆戻りさせてはならない。エリート忠利が、統治者としての自己を実現していくためには、百姓身分の共同体である村々が核となって形成されていた地域社会と向き合い、実践から得られた経験を蓄積していかねばならなかった。エリートだからこそ、いわば地べたに引きずり込まれることになったのである。言い換えれば、社会の現実や百姓の政治意識、さらに政治的意思を無視した支配者、あるいは公私の区別をつけることができない支配者に、ポスト戦国世代の体制づくりは不可能であったということだ。本書ではこの観点を大切にしたい。それは、忠利を通じて当時の社会を理解することにつながるだろう。

本書が用いる一次史料

さて、本書の叙述における事実関係の認定は、可能な限り、歴史学の基本的方法にのっとって、当事者が実際にやりとりした文書の原本やその控えおよび写し、さらに細川家奉行衆や家老衆のリアルタイムの合議記録といった、一次的な歴史資料（史料）によった。さらに、読者が検証可能なように、引用史料の出典明記に努めた。

出版されている史料については刊本名を次のように略記して、収録書名、収録巻数—史料番号を示した。

熊本大学文学部附属永青文庫研究センター編『永青文庫叢書　細川家文書　近世初期編』…叢書〇号

鶴田倉蔵編『原史料で綴る天草島原の乱』…原史料〇号

東京大学史料編纂所編『大日本近世史料　細川家史料』…細〇―〇

八代市立博物館未来の森ミュージアム編『松井家文庫所蔵古文書調査報告書』…松〇―〇

熊本大学に寄託されている公益財団法人永青文庫《えいせいぶんこ》所蔵の細川家文書のうち、刊本の存在しない史料については、熊本大学永青文庫研究センター作成の細川家資料総目録（二〇一八年にWEB公開の予定）の史料番号および史料名を示した。

なお、本書には史料の原文を多く引用しているが、固有名詞、難読語にはルビを付すよう心掛けた。

波乱の家督相続と国づくり

誕生から家督相続へ

忠利の誕生

天正十四年（一五八六）、細川忠利《ただとし》は忠興《ただおき》の三男として生まれた。前述したように、母は明智光秀《あけちみつひで》の娘・玉《たま》（ガラシャ）である。近世中期に成立した細川家の公式家譜《かふ》『綿考輯録《めんこうしゆうろく》』巻二十八は、その日を十月十一日とし、出生場所は当時の細川家の領国であった丹後《たんご》国だとする。しかし、忠利の誕生について言及した一次史料は、現在のところ見出されていない。細川家に伝わった各種家譜などの編纂物に、そう記されているに過ぎない。

出生から慶長四年（一五九九）までの忠利の動向は不分明である。『綿考輯録』は、家臣筋のもとに伝わった記録などを引用して、忠利が文禄三年（一五九四）から慶長三年まで京都・愛宕権現《あたごごんげん》の社僧の住坊の一つである福寿院下坊に入って、「学文」に励んだという説を紹介している。のちの寛永初期（一六二〇年代後半）、小倉《こくら》藩主時代の一次史料によると、忠利は毎年のように二月に小倉から福寿院に「初穂銀《はつおぎん》」を贈っていたことが分かる（「奉書」一〇・七・六）。やはり忠利と福寿院は特別な縁で結ばれていた。『綿考輯録』の記述を裏づける事実である。

細川家伝来の歴史資料を所蔵する公益財団法人永青文庫《えいせいぶんこ》には、「江戸時代の新儒学の開祖」と評価される藤原惺窩《ふじわらせいか》（高谷治「藤原惺窩の儒学思想」）が、その晩年（一六一〇年代）に書いたと推定される六通の書状が遺されており、そのうちの五通は二四歳下の忠利に宛てたものだ（神廿三印又一番）。いずれも忠利からの贈答品への礼状であるが、それらを見ると、惺窩（妙寿院）は忠利に、「おっしゃるように、その後、懐かしく思っています」などと伝えており、両者は旧知の間柄で、三〇代の忠利が晩年の惺窩を気遣う様子がよく分かる（後藤典子「細川家文書に含まれる浅野内匠頭関係史料の再検討」）。惺窩は、忠利の祖父細川幽斎《ゆうさい》の従兄弟である吉田兼見《よしだかねみ》の猶子《ゆうし》になっていた（高柳光壽「藤原惺窩伝補遺」）。元和五年（一六一九）、最晩年の惺窩は忠利らの求めにより、四書《ししょ》（儒教の主要文献）の一つ『大学《だいがく》』の統治思想を講じている（本書二二七頁）。

少年時代の忠利が、京都の姻戚吉田家の縁者でもあった惺窩のもとで一心不乱に学び、東アジアに共通する儒教的政治思想に触れた可能性は高い。育ちざかり伸びざかりの忠利がこうした環境下で身につけた学問と、同門下で形づくられた人的関係が、のちにどのように活かされたか、本書でも注目したいと思う。

分岐点としての関ヶ原

忠利の歴史の表舞台への登場、すなわち一次史料への登場は、慶長五年（一六〇〇）である。『綿考輯録』巻二十八が引用する忠興家譜によれば、この年の正月、忠利は細川家の証人（人質）として江戸に赴いたとされる。さらに同年七月九日、関ヶ原合戦《せきがはらかっせん》の端緒となる徳川家康の会津遠征に従軍していた父の忠興は、忠利（幼名・光《みつ》）に次の書状（細一―一）を送っている。

尚々我々事、来十七日ニこがまて必々可付候、以上

書状披見候、中納言殿十九日ニ御出馬之由候、御供仕可被出候、若又御供も難成候者、夜をこめ二里も三里も御先へ出、御陣著（着）毎ニ御陣屋へ見廻れ候様ニ成共可仕候、……謹言、

七月九日　越　忠（花押）

ミつ　まいる

下総古河《しもうさこが》（現茨城県古河市）への着陣をまえにした忠興は、忠利にこう伝えている。「秀忠《ひでただ》（「中納言」）殿の御出馬は十九日とのことだが、おまえも御供して出陣しなさい。もし御供が叶わなければ、夜を徹してでも二里三里と秀忠殿の先に出て、御着陣ごとに御陣屋

を見舞うくらいのことはしないといけない」。細川家証人であるおまえの任務は徳川家の後継者秀忠の近くに仕え、将来のために忠節を尽くすことだ。忠興の指示は明確だった。

七月二十五日、大坂での石田派奉行らによる挙兵を知った家康は、下野国《しもつけのくに》小山《おやま》から江戸に取って返す。これをうけて忠興らは西上するが、その途次にあった八月一日付の忠利宛書状（細一―二）は、引き続き秀忠への奉公が肝要だと自筆で伝えるとともに、注目すべき一言を付け加えていた。

　よろつ〳〵たしなミかん用候、わるき名とり候てからハかへらぬ物にて候、

万事について慎みが肝要だ。悪評（「悪き名」）が立ってしまえば二度と取り返しがつかないのだから、というのである。豊臣政権の分裂という稀にみる緊張状況を乗り切るには、政治的なふるまいのすべてについて、細心の注意が必要とされた。時に数え年で一五歳、いまだ幼名を名乗っていた忠利は、忠興の不安を払拭して期待に応えられたのだろうか。

関ヶ原の決戦を前にした九月八日、忠興は条書形式の書状を忠利に出した（細一―三）。その第三条と第五条は次のように伝える。

　一、其方計《ばかり》、内符（府）御意にて江戸へ被帰候由、尤候事、
　一、其方ニ名を御付、又御字をも被遣候由、目出度候事、

第三条によれば、忠利は内府＝家康《いえやす》の意向によって、西へと急ぐ秀忠への同行から外さ

れ、特別に江戸に帰されたという。忠興はこれを「尤もに候」と全面肯定しているから、江戸滞留は忠利の秀忠への奉公ぶりが家康から高く評価された結果だったとみてよい。さらに第五条では、秀忠がみずからの一字を与えて、幼名の光から忠辰の名をなのることになったと知らされた忠興が、「めでたいことだ」と返事している。さらに、この忠興の書状の宛名は「内記殿《ないき》」となっている。内記とは本来、律令制の中務《なかつかさ》省の官職名で、この時代には武家の称号の一つともなっていた。

こうして元服した光は、内記忠辰と称することになった。慶長八年以降に忠利に改名したとみられる。忠利の元服が、慶長五年の内戦に際しての家康による高い評価を伴ってなされたことは、彼のその後の人生に決定的な影響を与えることになった。その意味で、まさに分岐点としての関ヶ原であった。

長兄忠隆の失脚

細川家にとって、関ヶ原合戦は丹後から豊前《ぶぜん》への国替えの契機となった。忠興は十一月二十八日付の書状（細一—五）で忠利に、豊前一国および豊後《ぶんご》国内の一一万石を拝領して国替えとなる旨を伝えている。丹後一国一一万石余から三九万九〇〇〇石への大幅加増であった。豊臣政権内の権力闘争においていち早く家康を支持し、かつ関ヶ原本戦でも大いに活躍したことが、この栄転につながったのである。

二一頁の細川家略系図（図2）を見ていただきたい。忠興の長子は忠隆《ただたか》、天正八年（一五八〇）生まれで忠利よりも六つ年上、慶長五年当時は自他ともに認める忠興の後継者であった（林千寿「関ヶ原合戦と九州の武将たち　総説」）。家康の会津遠征への出立以来、忠隆は忠興と行動をともにし、秀忠は九月二十四日付で忠隆に宛てて「今度御父子共比類無き御手柄」と、関ヶ原合戦での忠興・忠隆父子の活躍をたたえる書状を発していた（永青文庫所蔵文書）。さらに、忠隆が同年十一月二十日付で細川家老松井《まつい》康之《やすゆき》の後継者で丹後久美浜にいた松井興長《おきなが》に出した書状（松一—二一四）では、興長の豊前《ぶぜん》への引っ越しの用意はどうかと心配しつつ、自分は丹後宮津で忠興の到着を待っている状況だと伝えている。この時点で忠隆自身が忠興の後継者として新領国へ赴くものと認識していたことは、確実である。しかしこの後、忠隆が豊前に移った形跡はみられない。十二月までの間に廃嫡されたものと考えられる（林千寿前掲論文）。急転直下とも見える廃嫡事件の

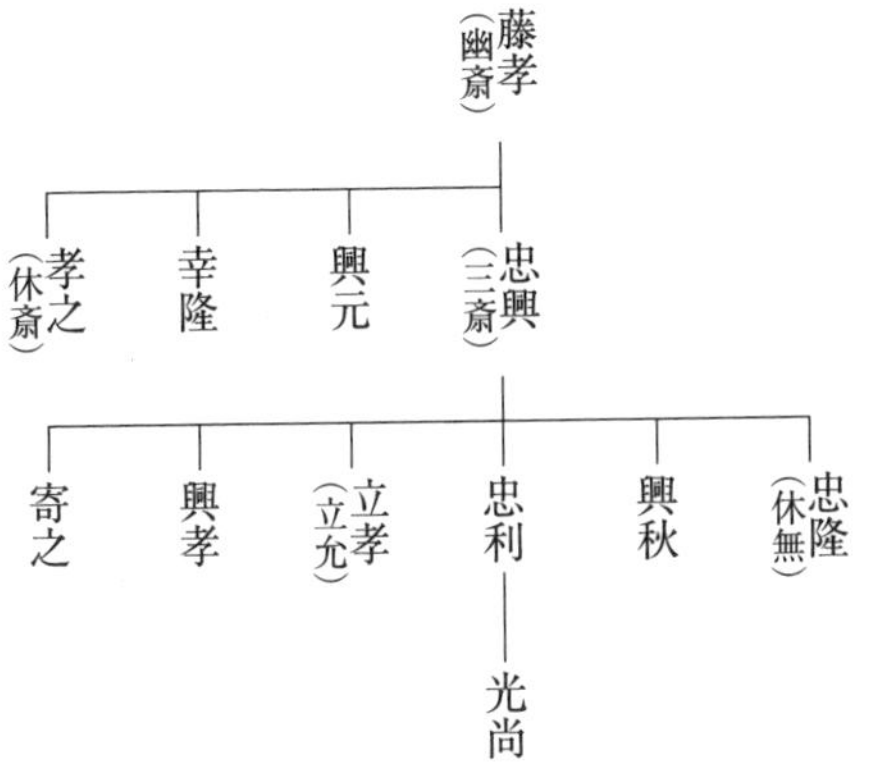

図2　細川家略系図

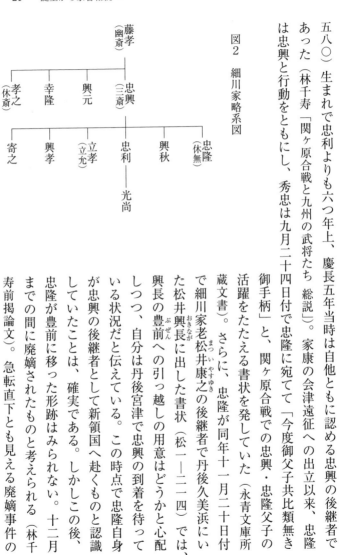

背景にあった事情はなにか。

じつは前年の九月に大坂で持ち上がった家康暗殺計画（中野等『石田三成伝』）が、忠隆の失脚と関わっているように思われる。その首謀者は加賀前田家の当主で豊臣政権の大老であった前田利長《まえだとしなが》で、浅野長政《あさのながまさ》・土方雄久《ひじかたかつひさ》・大野治長《おおのはるなが》らと謀って大坂に下向した家康を暗殺しようと企てたとされる事件だ。しかしこの計画は露見し、土方・大野は配流《はいる》、浅野は豊臣家奉行の任を解かれて領国甲斐《かい》へ蟄居《ちっきょ》となり、家康は利長の領国加賀への出兵を表明する。利長は十一月の段階で実母を江戸に送ることで、かろうじて事なきを得たのだった。

忠隆にとって不幸だったのは、正室千世が前田利家《としいえ》の娘、つまり家康暗殺計画の首謀者とされた前田利長の妹だったことだ。そのために忠興は暗殺計画への加担を疑われる。『綿考輯録』巻十二は、慶長四年九月二十八日条に、嫌疑をかけられた忠興が家康方に申し開いてそれを晴らすまでの過程を、何通もの文書を引用しながら叙述している。それによれば、忠興は十一月に家康・秀忠に毛頭別心なき旨と忠誠とを誓約した起請文《きしょうもん》を提出している。叛逆《はんぎゃく》加担の真偽そのものは不明といわざるをえないけれども、忠興にかなり重大な嫌疑がかけられていたのは事実であろう。政治の世界で「一寸先は闇」と言われるが、それはこの時代も同じだった。

そして、前田利長が十一月に実母を人質として江戸に送ったように、翌慶長五年正月、忠興も細川家の命運を握る人質を江戸に差し出した。じつにその人質が、忠興三男の忠利だったというわけだ。

こうして細川家は秀吉死後の最大の危機に対処したが、忠興による家康への忠誠誓約は、彼が反石田派の中心的な武将として慶長五年の内戦に臨むことを必然化してしまった。ところが、細川家が嫌疑を持たれる原因となった前田家との姻戚関係は、人質忠利の江戸出頭以降も解消されることなく、関ヶ原での決戦へと突入したのだった。戦後の家康公儀体制のもとでの忠隆の立場は、じつに難しいものとなったに違いない。かたや、秀忠への奉公ぶりを家康に絶賛される弟の忠利。豊臣政権内の権力闘争をめぐって、二人の姿は明瞭なコントラストをなしていた。

慶長五年八月一日、つまり決戦の直前に、忠興が忠利に秀忠への奉公を命じるとともに、「万事について慎みが肝要だ。悪評が立ってしまえば二度と取り返しがつかないのだから」と、わざわざ自筆で伝えていたことを思い出してほしい。忠興の念頭にあったのは、叛乱《はんらん》への加担を疑われつつも前田利長妹を離縁できない長男忠隆への諦念だったのではないか。忠隆は若かったのだ。

かくして、自他ともに認める忠興の後継者であった忠隆は、戦後、細川家の丹後から豊前・豊後への加増転封《てんぽう》の直前に、突如廃嫡されることとなった。九州の最重要地を預かるべく新領国へと赴く前に政治懸案にけりを付けようとする忠興の決断であったとみてよいだろう。忠隆は出家して休無《きゅうむ》と号し、細川家から扶持米《ふちまい》（定額給与）を得ながら、長く京都で文化人としての生活を送ることになる。

家督相続者に内定

忠利の江戸暮らしの実像を伝える一次史料は多くはないが、その中でも高麗《こうらい》八条流馬術の相伝に関する史料は注目されるものだ（高濱州賀子「永青文庫所蔵の故実・武芸関係資料」）。八条流馬術は室町幕府奉公衆の小笠原稙盛《おがさわらたねもり》の教えを受けた八条近江守房繁《おうみのかみふさしげ》を始祖とするが、特に中山（加治《かじ》）家範《いえのり》・家守《いえもり》に伝わる流れを高麗八条流と称した。中山氏は戦国大名北条氏の八王子城主だった北条氏照《ほうじょううじてる》に仕えた歴戦の兵であり、家守は幕臣にも採用され、その馬術は徳川秀忠・家光へも教授された。永青文庫には、「馬之書」などの表題を持つ高麗八条流の馬術書（一〇六・九・七）が伝来し、一冊目の奥書には次のように記されている。

此書共廿一巻、八条流之奥儀也、予相続之本、聊《いささか》以不可有相違、并口伝《くでん》等不相残之者也、

慶長第六仲春上旬　　　家守（花押）

加治勘解由左衛門《かじかげゆさえもんのじょう》尉

長岡内記様

慶長六年（一六〇一）の二月上旬、忠利（「長岡内記」）は家守から高麗八条流の「奥義」を伝える秘伝の書二一巻と、口頭での秘術（「口伝」）も残すところなく伝えられたのだった。人質として江戸に赴いてから一年余り、その間に内戦をはさんだわずかな期間に、忠利が馬術の習得に集中していた事実が知られる。

大軍を率いて馬上で指揮をとる大名家の将にとって、軍用の馬術習得は必須であった。忠利の自覚の表れともみえるが、そんな息子を忠興も応援していたようだ。この時期の忠興の書状を見ると、慶長七年三月から翌年の四月にかけて、鞍《くら》、鞦《しりがい》、鐙《あぶみ》、轡《くつわ》などを江戸の忠利に送っている。わけても鐙は同時代の名工大和宗幻の作品であった（細一―一六・一九・三二）。また、忠利の馬術への没頭は師を同じくする徳川秀忠も知るところで、忠利は秀忠から馬を下賜《かし》され、それを忠興に贈っている。忠興は「特別に速く走る馬で、ひとしお満足だ」と喜びながらも、「これほどの馬はおまえにこそ乗ってほしいのに、どうして私に贈ってよこすのか。しかしながら、おまえのこころざしの高さは嬉しいことだ」と書き遣わしていた（同前一七）。忠興の忠利に対する期待の高さをよく示す手紙である。そして慶長八年二月、忠利は高麗八条流馬術を少しも残らず習得した旨を証明する起請文（一〇六・一一・下段）を中山家守から受け取っている。

ところが翌慶長九年五月、忠興は国元で体調を崩す（細一―三八）。六月から七月にかけて回復の兆しを見せるも（同前三九）、八月には重篤な状態となり、将軍家から「御存命之内御対面」のための使者が豊前に派遣されたほどであったという（『綿考輯録』巻二十八）。こうした深刻な状況のもと、次の家康判物《はんもつ》（家康八）が忠利に発給されたのであった。

豊前宰相家督之儀、任忠興内存、其方諸職可被申付者也、

慶長九年八月廿六日　（家康花押）

忠興三男

内記とのへ

忠興の意思（「内存」）にまかせて細川家（「豊前宰相家」）の家督は内記忠利に申し付けるという、この異例ともいえる家康判物は、忠興の死去を予想した家康が細川家存続のために打った一手であったとみるべきであろう。なぜなら、家督相続候補者には、忠利のほかに忠興二男の興秋《おきあき》が存在したからだ。

細川系譜などによれば、興秋は忠利と同じく玉（ガラシャ）を母とし、年齢は忠利の三歳上であった。関ヶ原合戦では忠興や忠隆と行動をともにしたことが知られているが、その具体的な働きや資質については、ほとんど不明である。忠隆廃嫡ののち、細川家の家督相続者は二男の興秋に決定していたわけではない。慶長五年末における忠隆廃嫡の衝撃は、

細川家中に忠興の後継者をめぐる興秋派・忠利派への潜在的分裂と緊張関係とを生じさせたであろう。そうした状況で、忠興が家督相続者について明確な遺言をのこさず、また忠興の遺思が何らかの方法で暗示されていたとしても家中全体にオーソライズされていなければ、御家騒動《おいえそうどう》の可能性は排除できない。家康は、忠興急死後の後継者をめぐる御家騒動を未然に防ぐ意図をもって、確認された忠興の意思を表に立て、この文書を発給したのであろう。

ところが、忠興の病状は奇跡的に回復した。そして、将軍家からの見舞いの使者に同道して豊前に下向した忠利の代わりに人質として江戸に遣わされることになったのは、じつに興秋であった。翌慶長十年三月、興秋は江戸へ向かう途中で出奔《しゅっぽん》してしまい、翌年七月にはこの件に関係した家老の飯河豊前・長岡肥後父子が誅伐《ちゅうばつ》され、また翌年には家老の一人米田是季《こめだこれすえ》（長岡監物《けんもつ》）も細川家から出奔している（『綿考輯録』巻十八）。こうして御家騒動の危機は、忠利を不動の後継者に押し立て、興秋本人および興秋派の重臣を忠興が強行的に排除するという措置をとることで、回避されたのだった。

慶長十三年、忠利はのちに小倉藩主となる小笠原家（当時は信州松本藩八万石）の息女で将軍秀忠の養女となった千代と縁組する。時に忠利二三歳。その細川家督継承者としての地位は、名実ともにここに固まった。

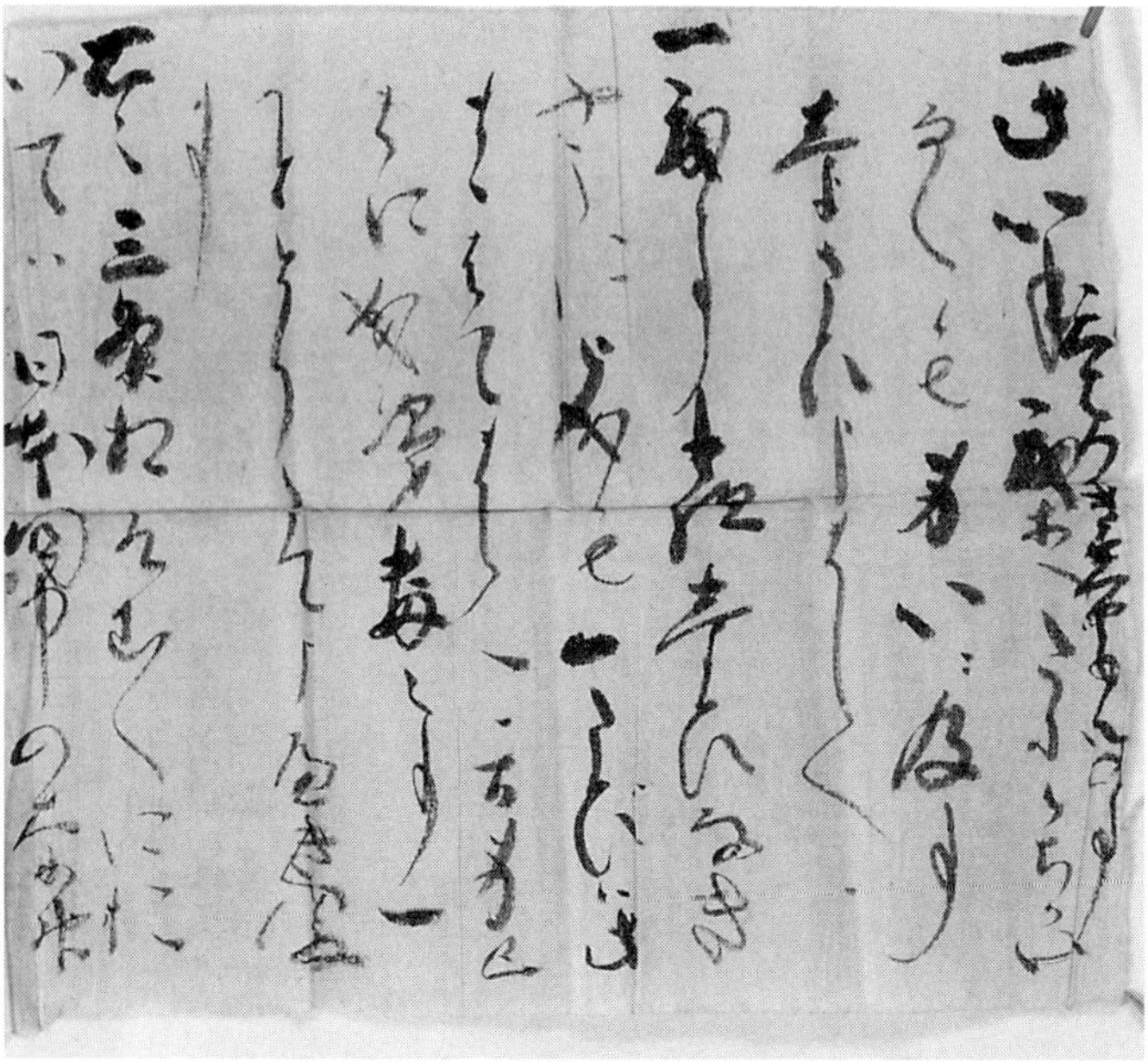

判起請文（熊本大学附属図書館蔵道家家文書）

側近家臣団の形成

慶長五年（一六〇〇）の内戦に先立って江戸に赴いた忠利は、一介の人質に過ぎなかった。それが一躍、豊前一国と豊後二郡を併せて領する国持大名の家督継承者となったのである。忠利は立場にふさわしい人間関係を身につけるべく、柳生宗矩《やぎゅうむねのり》、のちの大坂町奉行曾《そ》我《が》古祐《ひさすけ》や長崎奉行となる榊原《さかきばら》職直《もとなお》といった幕臣たちとも、交流を深めていった。

同時に忠利は、自身が細川家当主となったその時にそなえて、小姓衆《こしょうしゅう》とか馬廻衆《うままわりしゅう》と呼ばれ

図3　慶長10年７月８日　細川忠利血

る側近家臣団を形づくる必要があった。慶長十年に忠利と主従の間柄になった道家《どうけ》伝三郎《でんざぶろう》も、そうした側近家臣の一人である。二〇一五年に熊本大学附属図書館に細川旧臣道家家のご子孫から寄贈された「道家家文書」の中には次の起請文が含まれている（図3）。貴重な文書なので、少し詳しく見てみよう。

天はつ（罰）きしやうもん（起請文）の事

一、此以来、我等へだに御ちかい（違）なく候者、身いニ及事しよさひ（如才）申ましく候、

一、我々事、貴様たい（他意）なきやうに被成候者、一たびハ此まゝはてましく候間、身上まゝに成次第、貴殿之事、一かど（廉）とりたて申へきやと存候事、

右之三条、相そむくにおいてハ、日本国中の大小神、別而うちのしんそんしや、天満、天神之御はツをかうむり、殊ニハあたこ（愛宕）、白山、いつ（伊豆）、はこね両所のこんけん（権現）御はつをかうむり、来世にてハむけん（無間）へ長くおつへき者也、きしやうもん如件、

内記

慶長十年七月八日　（花押・血判）

道家伝三郎様

まいる

起請文とは、みずからの主張や約束が偽りなきことを仏神に誓約する文書様式で、中世初期に成立した。前半部分に主張・約束の内容を記し（前書《まえがき》）、後半には寺社が発行する「牛王宝印《ごおうほういん》」と呼ばれる護符の裏面に前書の内容を担保する自己呪詛文言（神文《しんもん》）を書いて貼り継ぐのが一般的であった。起請文は本来、人々が仏神に誓約するための文書であったから、宛所がないのが通例であったが、戦国期には中世仏神の権威の低下を反映して、

人と人との直接的な約束を担保する文書へと性格を変化させ、宛所と、差出人の宣誓内容を保証する血判《けっぱん》とを伴うようになった。この起請文も、戦国期に変質して成立した近世起請文の様式上の特徴を備えており、忠利二〇歳の花押《かおう》の上から塗り付けたように、色濃き血判が据えられている。

「道家家文書」によれば、宛名の道家伝三郎は慶長五年の細川家豊前国替え以後に忠興に仕官した道家帯刀《たてわき》の子息であり、道家氏は近江から出て豊臣大名となった脇坂氏の一族だという。丹後一一万石から豊前・豊後三九万九〇〇〇石へと大幅加増された忠興は、多くの新家臣を召し抱えねばならなかった。その中には、戦国動乱の渦中で主家を失った武士も多数含まれていた。道家帯刀もそんな武士の一人であったと推察される。

そして、慶長九年に家督継承者となった忠利も、来るべき代替りを見据えて、忠興に仕官した者の子息のうちから側近家臣を選抜して主従の関係を結んでいったのである。この起請文はそうして結ばれた主従関係を保障するものとして若き忠利と家臣とが交換した多くの血判起請文のうち、家臣側に奇跡的に遺った一通だということになる。

第一条で忠利は、伝三郎が自分に異心（「御違い」）を抱きさえしなければ、自分も伝三郎の身をいい加減（「如才」）には扱わない、と誓っている。第二条では、貴様が自分に対して「他意」を抱きさえしなければ、我々の主従関係は一時のものではないので、自分の身上が大きくなるにつれて、貴殿のことも相応に取り立てようと思っていると記す。これらに対応する内容を誓約した起請文が、伝三郎から忠利にも差し出されたはずだ。忠利と伝三郎との主従関係は、まさに双務契約的な関係であった。伝三郎が忠利に異心なく尽くす限り、忠利はその功績に応じて彼を処遇せねばならない。逆に、奉公ぶりが不十分な場合にはシビアな処遇が待っている。

この起請文には忠利・伝三郎が相対で主従契約を結んだ形跡が生々しく記録されている。第一に、前書・神文ともに忠利の自筆で書かれていること。右筆《ゆうひつ》（書記官）をも介さないパーソナルな関係が重視されたのである。第二に、前書は二ヵ条で構成されているのに、神文の冒頭には「右之三条、相そむくにおいてハ」とあり、食い違っている点だ。このような異様な起請文になった背景は、文書の右端を見るとわかる。「天はつきしやうもんの事」というタイトルと第一条目の一行目とが不自然に接近し、料紙《りょうし》の端が刃物で粗雑に裁断されたような様相を呈している。つまり、本来この起請文の前書は三ヵ条あったものが、忠利・伝三郎二人きりの最終調整の場で第一条が削除され、確定されたのであった。

こうして、二〇歳前後の忠利は同世代の武士たちと個別に主従契約を結び、側近家臣団を形成していった。また、のちに小倉や熊本の奉行所で忠利の意をうけながら領国統治を司った「惣奉行」（次節参照）は、きわめて高い実務能力が求められた要職であったが、その多くは側近の馬廻衆から登用された。そしてこの起請文から三三年後、道家左近右衛門と名乗っていた伝三郎は、あの島原・天草一揆に際して、細川家組頭《くみがしら》（軍事統率者）の一人として、一揆勢が籠城した南島原（有馬）原城《はらじょう》攻めの死闘に出陣することになるのである。

一七年目の家督相続

慶長二十年（一六一五）五月、徳川家康による大坂城攻めは終局的な状況にいたっていた。忠利が家督継承者になってからすでに一〇年以上が経過していたが、忠興はいまだ家督を譲らず、大坂の陣中にあった。五月七日、家老衆とともに小倉から大坂へ向かう途上にあった忠利に、忠興は大坂落城の瞬間を次のように伝えた（松三―四八〇）。

大坂御城殿守（天）も、申ノ下刻、火懸り申候、不残御果被成候、一時之内ニ天下太平ニ成候事、

午後五時（申の下刻）、大坂城の天守が炎上している。秀頼《ひでより》をはじめとする豊臣家の面々は、すべてお果てになった。いっときのうちに「天下太平」になった。信長のもとで初陣を飾り、豊臣政権の成立とともに家督を継承した忠興。その感慨が表れた文面である。内戦の要因はついに除去された。そして翌年四月には大御所家康が死去する。時代は大きな転換点を迎えていた。

図４　小倉城天守台

豊臣政権の成立以来、細川家当主をじつに三〇年間以上も務めた忠興であった。しかし、それでも彼は忠利にその座を譲らなかった。そうこうするうち、元和六年（一六二〇）の年末、五八歳の忠興はついに江戸で重い病に陥った。閏十二月十二日付で土井《どい》利勝《としかつ》ら江戸幕府老中が国元にいた忠利に宛てた連署状《れんしょじょう》（江戸幕府六七）は、次のように伝えている。

> 将軍の指示により申し入れます。越中殿（忠興）の御持病が再発し、重篤な状況です。公方様（秀忠）から付けられた医師延寿院の治療を受けても回復されません。御付の衆も、今度ばかりはいつもと違うご様子だと申されています。すぐに江戸にお見舞いに来られるべきだと存じます。

病死が危ぶまれた忠興であった。ところが彼はこの一三日後には娘のまん（烏丸光賢室《からすまみつかた》）に書状を認め（細八―一九一二）、投薬の甲斐あって本復《ほんぷく》したと伝えている。不死身というほかない。だが家督三八年目にして、ついにこの病気が忠興に出家を決断させることになった。同じ手紙の中で彼は、「剃髪《ていはつ》した自分の容貌を見たら、幽斎《ゆうさい》に瓜二つで肝をつぶした。歌道を知らぬ幽斎だと想像してみてくれ」と娘に書き送っている。以後、忠興は三斎宗立《さんさいそうりゅう》と号した。

翌元和七年、細川家督を相続した忠利は、六月二十三日、小倉城に入った（『綿考輯録』巻二十九）。家督継承者に決定してからじつに一七年、三六歳にして国主となった忠利の国づくりが始まる。それは「天下泰平」の根幹を固めるべき営為になるはずのものであったが、忠興の二〇年間にも及ぶ小倉藩領統治は、多くの難題を生じさせていたのだった。詳しくは次節で述べよう。

国づくりのはじまり――代替りの改革

藩政の要　惣奉行衆

家督を相続した忠利《ただとし》との政治的コミュニケーションを常に保ちつつ、細川家の奉行機構を統括し、さらに忠利の参勤による不在中にも国元での意思決定に中心的な役割を果たしたのは、惣奉行衆《そうぶぎょう》であった。本書でも度々登場するので、まずその職務内容を理解しておこう。

惣奉行は細川藩政を担う奉行機構全体を統括する役職であり、特に実務に長けた人材が忠利の馬廻組《うままわりぐみ》等から選抜され、数年ごとに数名ずつが任命された。忠利小倉《こくら》時代における奉行機構の改編過程を実証的に追究した宮崎克則（「近世初期の大名権力と奉行機構改編」）によれば、忠利は参勤から国元に戻るたびに惣奉行をも含む奉行機構の改編を行い、次の出立時にそれを文書や帳簿にまとめて家中に示し、新奉行たちを任命したことが知られる。

寛永元年（一六二四）の奉行機構の全貌を示す「諸奉行帳」（文・下・補四・一）によれば、奉行職には惣奉行三名を筆頭に、横目（監察役）、御町奉行、各種財政担当奉行、御天主道具奉行、武具奉行、御作事奉行、御掃除奉行、御材木奉行、買物奉行、各御郡奉行など、じつに全六六種の職に合計一九八名もが任命されていた。これが細川家国元の奉行組織の総体である。惣奉行衆はそのトップにあって組織全体を統括する重職中の重職であった。

筆者が把握している忠利時代の史料によって歴代惣奉行の変遷を示した表1を見てほしい。歴代のうちで最も長期にわたって忠利の信任を得たのは、浅山清右衛門尉（知行一〇〇〇石）と田中与左衛門尉（同一〇〇〇石）のコンビであった。二人は寛永三年（一六二六）五月に惣奉行に任命されると、翌年正月には忠利の命で浅山修理《しゅり》・田中兵庫と名乗りを変え、以後、細川家の熊本への国替えまで、このコンビが惣奉行職にあった。次に示す忠利の条目は、寛永三年五月一日に上洛のため小倉を出発する忠利が二人を惣奉行に任命した際に交付したもので、全一四ヵ条、惣奉行の職務原則をじつに具体的に、しかし簡潔に規定している（叢書六八号）。原文を読みながら解説していこう。

条々

表１　細川忠利時代の惣奉行在任一覧

〔小倉時代〕

1	元和７年～元和９年 小篠次大夫　浅山清右衛門　仁保太兵衛　続兵左衛門
2	元和10年～寛永３年閏４月 西郡刑部少輔　浅山清右衛門　横山助進
3	寛永３年５月～12月 浅山清右衛門　田中与左衛門
4	寛永４年正月～寛永７年12月 浅山修理　田中兵庫
5	寛永８年正月～寛永９年 浅山修理　田中兵庫　横山助進

〔熊本時代〕

1	寛永９年末～寛永11年 浅山修理　横山助進　佐藤安右衛門
2	寛永12年正月～同８月 乃美主水　河喜多五郎右衛門
3	寛永12年９月～ 河喜多五郎右衛門　堀江勘兵衛　椋梨半兵衛　（沖津作大夫）（西郡要人）

①一、不及分別儀者年寄共ニ相談可申候、年寄共申候儀者我等申候与可存候事、

②一、諸侍幷国中より之用を可承候、我等ニ申聞候儀者、可申儀をえらひ可申聞事、

③一、与頭《くみがしら》其外馬乗共、我等留守中ハ弥《いよいよ》用可在之間、年寄共へ申聞、年寄共申付候様ニ可仕事、

④一、万事申出法度《はっと》之趣可申渡事、

⑤一、国中へ申渡儀、奉行

所より可申触、幷諸奉行より国中へ帳目録出候之時、我等用之しるし計《ばかり》に加判形
可出事、
⑥一、諸事算用ニ可立儀ニ、用之しるしに判形可仕儀までニ加判可仕事、
⑦一、万公事《くじ》之外之穿鑿《せんさく》可申付事、
⑧一、籠者出入切手調可申候、幷式部（松井興長）加判形可申事、
⑨一、無足人・中小姓共・歩小姓、それより下々似合之用可申付候、
⑩一、諸奉行之役をちたる事可在之候、似合前所へ申付、其者理於有之者、此方へ可申
事、
⑪一、城近所之火事之時者、城内之家それ〳〵の請取人幷番之者之分迄門をひらき、入
可申事、
⑫一、城内ニ火事出来候ハヽ、三口之門をひらき人入次第入、けさせ可申事、
⑬一、清右衛門尉・与左衛門尉両人之内、煩候ハ用之有之時者、主馬（加々山）・宮内（小笠原）・
清左衛門尉（坂崎）・九郎右衛門尉（平野）、此内壱人宛相詰可申事、
⑭一、野田小左衛門尉儀者、惣極《そうきわめ》まかせ置候、不可然儀者一旦者申聞、其上者主次第
ニ可仕事、
以上

寛永三年五月朔日

忠利（花押）

浅山清右衛門尉殿

田中与左衛門尉殿

第一条と第二条では、「惣奉行の二人で判断不可能な案件は家老衆《かろうしゅう》（「年寄共」）に相談せよ。家老衆の意見は忠利の命令だと心得よ。家中からと領国（「国中」）の百姓らからの諸案件を管轄し、そのうちで忠利にまで伺いを立てるのは、どうしても必要な案件だけにせよ」、と述べている。当主である忠利が留守中に国元で発生する政治諸案件は、奉行組織を通じて惣奉行の二人に集約されて判断され、必要な場合に限って家老衆の合議に付された。江戸にいる忠利の意向確認が必要とされる案件は、ごくごく限定されていたのだ。また、第三・五・六条によれば、家老衆に帰属する案件は家中の上級武士層（「与頭《くみがしら》・馬乗共」）のところに生じた問題に限られ、領国への法・規則の公布（「奉行所より申触」）、年貢諸役の賦課《ふか》（「国中へ帳目録出」）、財政上の諸案件（「諸事算用」）については、惣奉行の決裁で実施するよう定めている。

さらに第四条では、すべての意思決定は公布ずみの「法度」に基づいて行うよう規定している。江戸時代初期の大名が行使する権力は、あくまで法によって濫用《らんよう》を規制された権力であった。教科書では「武断政治」とも呼ばれるこの時代の政治といえども、統治権力が恣意的《しいてき》に行使されていいと考えられていたわけではない。そして、このように大名が法によって支配の正当性を調達する以上、忠利や奉行衆の権限行使には公私の区別が厳しく要求されたのだった。第八条で、罪人の牢獄への拘禁（「籠者」）には、主席家老松井興長《まついおきなが》が決裁した公文書（「切手」）が必要だと定めていることも、人身への権力行使が法的手続きにのっとった場合にのみ正当化された事実を示している。

第九・一〇条は、家中侍の役務配置についての規定である。身分と器量に即した「似合」の配置を心得えよとしている。第一一・一二条は火事についての規定だ。小倉城近辺で火災が発生した場合は、城内の屋敷の主と番の者だけを城内に入れ、逆に城内で火災が発生した場合には、小倉城「三口之門」を開けて、入れるだけ人を入れ、消火活動に当たらせるよう定めている。火災への対応も惣奉行の重要な任務であった。

第一三条では、浅山・田中が病気等で職務執行不可能になった場合に欠員補充するときの候補者を具体的に指名し、第一四条では、財政担当（「惣極」）奉行の責任者として野田小左衛門尉の名をあげ、職務執行に問題があり指摘しても改善しない場合には、忠利まで連絡するよう定めている。

周知のように、参勤や将軍上洛への御供などのため、諸大名と同様に忠利も国元を離れる期間が長かった。家督継承から死去までの間、一年を通じて在国したことは一度もなく、元和八年や寛永八年のように、終始江戸にいた年もあった。しかしそうした留守中にも、領国支配のための政治・行政は、一時たりとも停止することはなかった。

この条目に示されるように、こうした大名権力の自律性を支えたのは、適材適所の人員配置に基づく各種奉行職とそれを統括する惣奉行、そしてこうした奉行組織の体系が全体として発揮する行政的能力であった。家老衆の合議もそれを補完した。さらに、奉行組織の活動に正当性を付与するのが法の権威――その源は中世に社会諸集団が制定してきた掟――であった（横田冬彦「近世村落における法と掟」）。統治者集団の行政的能力と法の発展は、江戸時代の政治的安定、すなわち「天下泰平」を維持するための絶対条件であった。

細川家小倉藩領統治の枠組み

元和七年（一六二一）六月二十三日、忠利は忠興《ただおき》から家督を継承して小倉に入城した。その翌日、忠利が最初に行った象徴的な政治行為は、じつに、領内の郡《こおり》奉行衆一二名に二九ヵ条にもわたる上申書を提出させることであった（叢書一号）。提出された上申書の冒頭には次のようにある。

宗立《そうりゆう》様へ申上度《たく》存儀就御尋言上仕候事

郡奉行たちは、「忠興（三斎宗立）様に上申したくてもできなかった地域統治上の諸問題を、忠利様からのお尋ねに応じて、ここに言上します」、と述べているのである。慶長九年（一六〇四）八月に家督相続者に決定してから、じつに一七年ちかくが経過し、ついに実現した代替り。藩主としての忠利の最初の政務は、長き忠興時代に地域社会に蓄積されていた領国統治上の諸問題を郡奉行から上申させ裁許するという、いわば代替りの徳政＝善政であった。その結果、郡奉行衆からは即座に、地域社会と大名権力との間に生じていた諸問題と、それを是正するための要求が、あらいざらい上申されたのだった。

その内容を見る前に、この時期の細川家の豊前《ぶぜん》・豊後《ぶんご》における領国統治体制の大枠を確認しておこう。

本書六頁で見たように、元和八年に作成された「人畜《にんちく》改帳《あらためちょう》」（『大日本近世史料』）によれば、一〇郡で構成される同藩領三九万九〇〇〇石から細川三斎隠居領を除いた三六万二〇〇〇石のうちに存在した村数は八八五に達し、一村あたりの家数平均は五八・三であった。村は単なる集落ではなく、地域住民であって生産者身分である百姓の自治組織として発展し、年貢納入や法令遵守を幕藩領主に対して請負った。江戸時代の大名領主は、戦国時代までに形成されていた百姓身分の自治団体である村に依存して、領域統治を実現しようとしたのである。そのため、村と大名領主とをつなぐ法的な責任者が必要とされた。それが村ごとに領主側から任命された村役人＝庄屋衆であった。

一方、かつて律令制の地方行政単位として設定された「郡」の領域は、江戸時代にもなお統治エリアとして活用された。小倉藩領には小倉城のある企救《きく》郡（現在の北九州市東部および行橋市《ゆくはし》の一部）以下、豊前国八郡それに豊後の国東《くにさき》・速見《はやみ》二郡の、合せて一〇郡があった。この郡ごとに藩士の中から任命されたのが、代替り上申書を提出した郡奉行たちであり、彼らは各郡と小倉の惣奉行とを統治実務上でつなぐ役割を果たした。ちなみに、どこの藩でも郡奉行に限らず統治・家政の実務上、各種の担当奉行が置かれていたが、いずれも不正を防止するために複数人が任命されるのが通例であった。

基礎的社会組織としての八八五の村々と、統治エリアとしての一〇の郡。各郡の村数を示したのが図5である。しかし、郡奉行と村庄屋たちとが直接相対したのではなかった。村々と郡の中間に、領国統治の地域単位となる区画が存在したのだ。それが「手永《てなが》」であり、その管理責任者が惣庄屋《そうじようや》であった。手永とは、北部九州地方の方言で「手の届く範囲」という意味だというが（『熊本県市町村合併史』）、「人畜改帳」作成の時点で、各郡には三名から一五名の惣庄屋があった。

村—手永—郡という重層的な構成をとる細川家小倉藩領統治の枠組みを示したのが図6である。

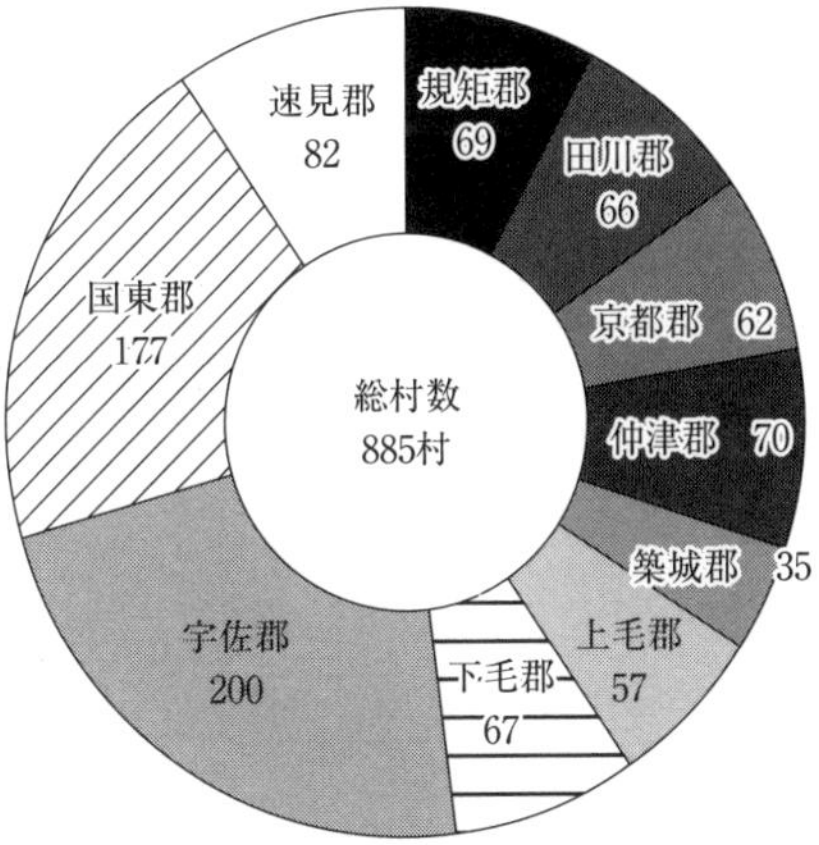

図５　小倉藩領各郡の村数

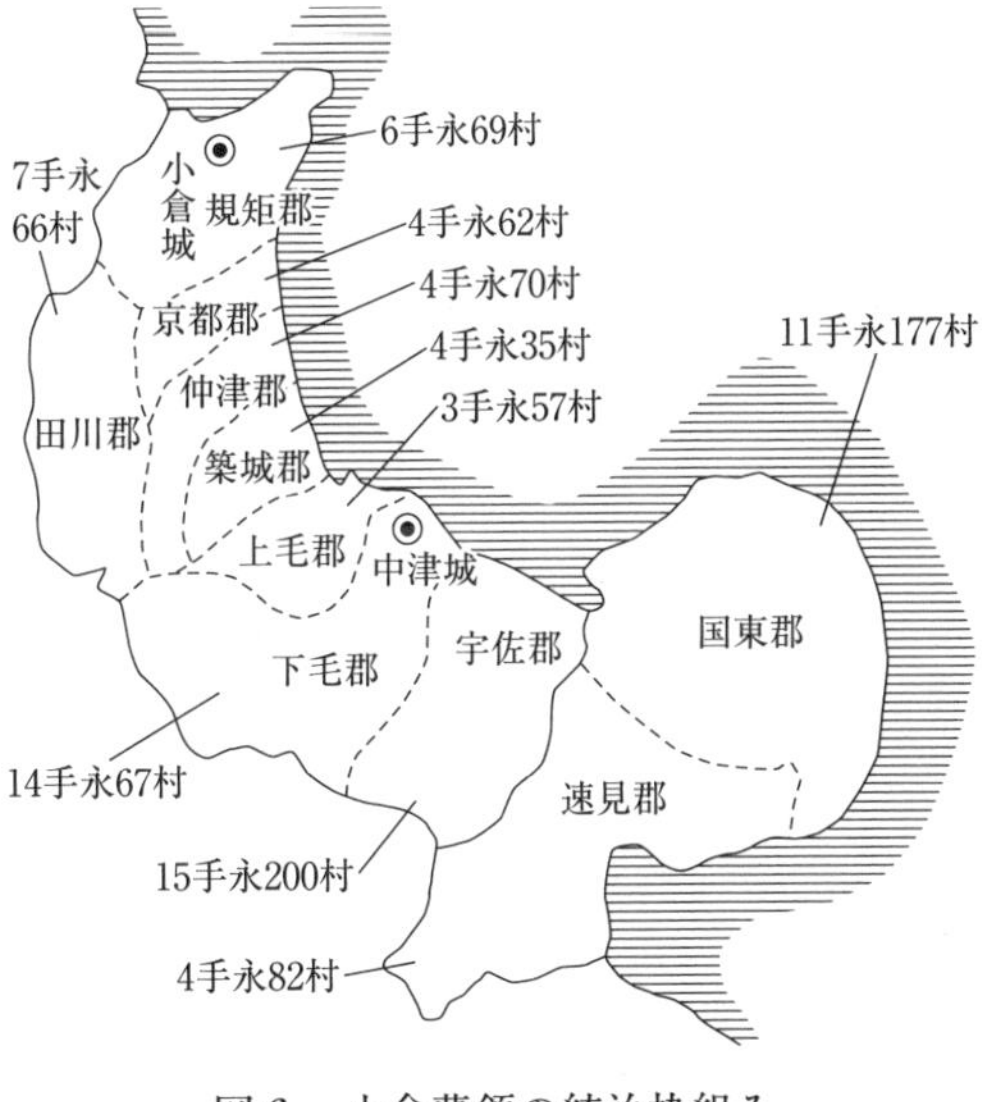

図６　小倉藩領の統治枠組み

手永と惣庄屋の本来的性格

「人畜改帳」の主要項目をまとめた表2を見てほしい。まず村数は最大の宇佐郡二〇〇村から最小の築城《ついき》郡三五村まで大きな差がある。村数が多い宇佐郡や国東郡は、石高や人口も他郡を凌《りょう》駕《が》している。こうした地域的偏差をいったん無視して全体の平均をとれば、一郡あたりの手永数は七・二、そし

表2　元和8年「人畜改帳」主要データ

郡名	村数	石高(単位：石)	家	男	女	馬	牛	惣庄屋
規矩	69	38,748.78847	4,426	5,760	5,133	612	1,202	6
田川	66	46,323.07953	7,357	8,359	6,888	1,272	2,405	7
京都	62	31,362.61497	3,030	2,993	2,682	344	636	4
仲津	70	35,462.12501	3,624	4,234	3,416	359	743	4
築城	35	不明	1,812	1,984	1,558	216	516	4
上毛	57	不明	2,278	2,446	2,007	247	524	3
下毛	67	26,382.68984	3,767	4,745	3,765	545	930	14
宇佐	200	75,723.77744	不明	11,945	9,917	1,043	2,428	15
国東	177	67,891.02160	11,043	11,349	9,127	405	3,151	11
速見	82	14,425.19697	2,581	3,832	2,620	282	1,176	4
合計	885	336,319.29383	39,918	57,647	47,113	5,325	13,711	72

て一手永あたりの村数は約一二・三となる。

ところで、「人畜改帳」のうち規矩郡・下毛《しもげ》郡・宇佐郡・国東郡・速見郡の帳には、郡内各手永への帰属村名が記載されている。それらをまとめた表3からは、以下の点が読み取れる。

第一に、手永領域の編成原理である。図7（五二頁）は、サンプルとして宇佐郡内の高並又右衛門《たかなみまたえもん》手永、麻生善介《あそうぜんすけ》手永、山本勝左衛門《しょうざえもん》手永の領域を地図上に示したものだ。これを見ると、高並手永は伊《い》呂波川《ろはがわ》上流の谷戸《やと》沿いに展開し、その谷戸を下った沖積地に麻生手永が広がり、さらにその東側の四日市町を擁する河岸段丘上に山本手永が展開している様子が見てとれるだろう。このように手永の領域は、水系、地形、町場と周辺村落との関係などに規定された第一次的な地域社会の領域として実体を有するものであり、大名権力が上から均一に設定したものではないのである。各郡手永の規模に一村から二一村までの差があるのも、そのためだと考えられる。

近世初期の大名家が領域支配を実現するための基礎的区域を設定しようとするとき、戦国期までに形成されていた現実の地域社会の圏域を無視することは不可能であった。手永は、百姓身分の住民による自治的地域運営が進展する場としての性格を持っていたのである。

第二に、惣庄屋の本来的性格である。惣庄屋は例外なく当該手永領域内の村に居住し、居住村名を苗字にしている例も多い。宇佐郡惣庄屋のうちで戦国期の侍身分としての由緒が確実な惣庄屋に恵良《えら》氏と高並氏がいる。一九五二年から刊行された『大分県史料』の編纂段階で、中世文書を所有し旧院内町大字上恵良に居住する恵良氏、同高並に居住する高並氏の存在が確認されている。「恵良文書」「高並文書」は戦国大名大友氏やその家臣から受給した文書を多く含んでおり、十七世紀初期の惣庄屋の一定部分が、戦国期には在村のまま大友氏ら大名の下級家臣になっていた小領主に出自を有することを示している（『院内町誌』）。惣庄屋には、役料として数十石の知行が与えられる原則であったが、あくまで

男	女	馬	牛
551	519	49	119
1,002	903	150	267
1,176	1104	120	294
520	432	93	88
不明	不明	不明	不明
不明	不明	不明	不明
812.25	739.5	103	192
822	664	153	226
446	376	43	95
364	276	40	93
202	174	25	32
150	110	15	17
146	105	14	28
136	101	6	34
147	116	19	15
473	418	41	83
532	391	55	89
440	313	33	61
382	310	42	75
67	56	6	7
438	355	53	75
339	268.93	38.93	66.43
1,565	1336	179	321
659	498	54	119
961	839	72	211
952	781	89	211
684	589	38	172
1,439	1171	175	260

表3　元和８年「人畜改帳」各郡の惣庄屋名と手永の規模

郡名	惣　庄　屋	村数	石高(単位:石)	家数
規矩	高月孫二郎	7	4,627.25328	450
	合馬清左衛門	13	7,337.93661	903
	城野五郎左衛門	12	8,073.32216	907
	吉原三介	10	2,951.25740	412
	永野忠兵衛	不明	不明	不明
	富野善介	不明	不明	不明
平均		10.5	5,747.44236	668
下毛	深水惣左衛門	14	5,897.45422	805
	蛎瀬新五兵衛	9	3,122.64254	362
	福嶋半右衛門	9	4,081.07919	337
	落合孫右衛門尉	2	706.50863	168
	東谷孫介	1	612.53305	112
	西谷次兵衛	1	495.37878	103
	山移源右衛門尉	1	828.22989	121
	柿山(藤木)九郎右衛門尉	1	391.99550	96
	手嶋三郎右衛門	9	1,942.79599	369
	守実清兵衛	6	3,134.27320	346
	加木野与左衛門	6	2,133.02470	304
	津民平右衛門	2	1,393.04825	310
	槻ノ木猪介	1	144.09135	38
	戸原太郎兵衛	5	1,499.63455	296
平均		4.79	1,884.47785	269.07
宇佐	山本勝左衛門	16	8,345.72652	不明
	日岳傳右衛門	15	3,892.59473	不明
	麻生善介	10	8,934.34949	不明
	庄三郎右衛門	5	7,315.24508	不明
	山蔵助右衛門	9	3,504.58265	不明
	山村与右衛門	21	7,923.07788	不明

男	女	馬	牛
496	465	23	115
637	492	64	191
278	204	10	49
2,153	1883	178	333
700	513	65	149
308	239	12	65
510	383	51	115
355	341	13	67
248	183	20	50
796.33	661.13	69.53	161.87
1,072	905	36	350
455	313	8	123
1,319	1145	64	506
1,275	976	47	366
1,337	1073	34	328
1,439	1186	58	361
1,150	936	25	327
1,340	1140	87	197
1,152	872	29	347
524	370	10	165
286	211	7	81
1,031.73	829.73	36.82	286.45
719	451	46	256
949	542	108	221
387	301	50	115
396	266	43	92
612.75	390	61.75	171
718.4	577.86	62.01	175.55

郡名	惣　庄　屋	村数	石高(単位:石)	家数
	畳石新右衛門	21	4,215.71308	不明
	津民甚左衛門	8	3,486.32860	不明
	斎藤理兵衛	11	1,615.44358	不明
	高森孫左衛門	14	10,789.33992	不明
	中山清右衛門	18	5,028.38908	不明
	恵良九郎右衛門	19	2,341.38932	不明
	佐田太郎右衛門	16	3,036.53637	不明
	高並又右衛門	10	3,912.96914	不明
	田所喜右衛門	7	1,382.09200	不明
平均		13.33	5,048.25183	不明
国東	冨来源右衛門	10	6,216.60737	1077
	横手甚左衛門	3	2,800.62800	341
	小原太郎右衛門	24	9,346.81967	1457
	安岐甚二郎	27	9,957.44463	1308
	両子久左衛門	22	9,760.56746	1139
	眞玉久三郎	23	7,989.67550	1367
	田添四郎兵衛	20	7,105.77618	1341
	高田太郎右衛門	17	5,806.13188	1062
	竹田津左介	17	5,351.86647	1130
	夷忠兵衛	9	2,193.05371	533
	早目弥左衛門	5	1,362.45073	288
平均		16.09	6,171.91105	1,003.91
速見	別苻助丞	5	2,873.86611	386
	石丸次郎右衛門	14	2,621.21837	570
	石武甚左衛門	6	1,274.41661	109
	乙丸市左衛門	7	1,369.43038	313
平均		8	2,034.73287	344.5
全体平均		10.54	4,177.36319	571.37

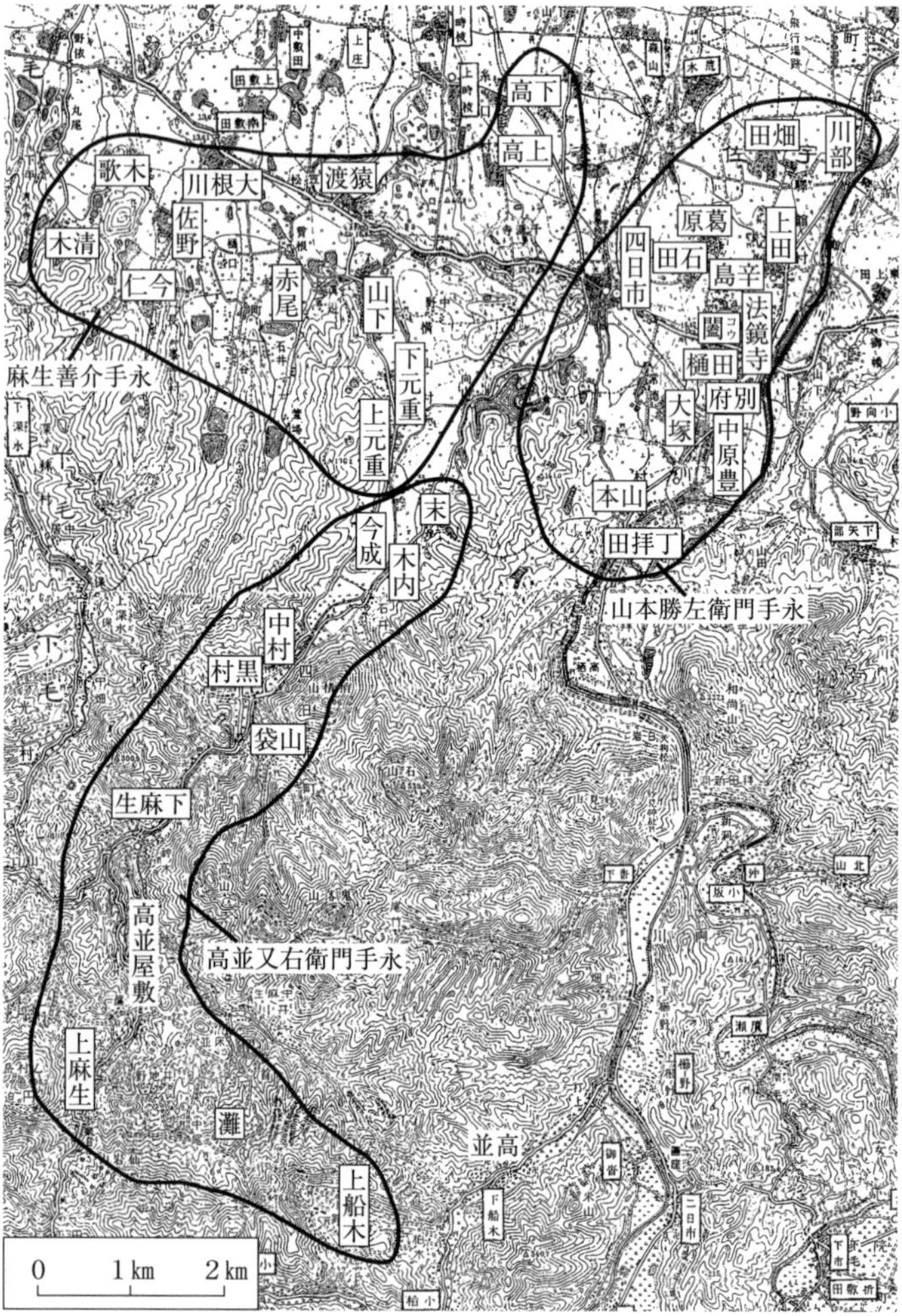

図7　宇佐郡の手永領域の例（元和8年「人畜改帳」）

も在地社会に中世以来の基盤を有している点で、細川家中の知行取が任命される郡奉行とは性格が明確に異なっていた。

『永青文庫叢書　細川家文書　近世初期編』に収録された諸史料によれば、この時期の惣庄屋には、手永における生産活動奨励、年貢・小物成《こものなり》等の収納実務、罪人預り、新百姓招致、夫役《ぶやく》の統括、融通などの統括責任者たることが求められた。各郡奉行のもとで百姓の生活と生産の実態を直接的に把握することができた役人は、村庄屋と惣庄屋であった。

「地域行政」概念について

忠利代替りに際しての郡奉行からの上申と裁可は、儒教の徳治《とくち》思想に基づいた民のための理想的な政治である「徳政」の実施を領国内諸階層にアピールするとともに、忠利が小倉藩領の統治権を継承する正統性を調達するために必要な政策だったのではないか。郡奉行衆二九ヵ条の上申書の内容を示した表4を検討してみよう。

まず目立つのは第三条から第七条、一一条、二三条などに見られる、百姓の負担軽減要求である。たとえば第一一条では、木の実の採集納入が「御百姓」にとって大きな負担で「迷惑」だと断言されている。「御百姓」の文言が同条を含む八つもの箇条に見られることは、この上申書が単に郡奉行たちから忠利への要求を書き連ねたものではなくて、村（村庄屋）―手永（惣庄屋）を通じて百姓の要求を集約して作成・提出されたものだったこと

忠利の裁可内容
漁をしない浦々には菜米を賦課するな
当該村の年貢率を適切に調整して対応せよ
条件が合致した場合に請け負わせろ
郡中の負担は免除する
鑑札なしでも撃たせろ，鹿撃ちの鑑札も実態調査して交付せよ
免除する
免除する
免除する
免除する
免除する
免除する
百姓に請け負わせ納入させよ
免除する
三斎から正式な権限移譲があったら早急に任命する
今年の職務状況を確認したうえで来年から知行を申し付ける
当年暮の麦作から当該田地を本百姓に返せ，債権者との訴訟は郡奉行が扱え

表4　元和7年6月24日　郡奉行衆伺書の上申・裁可内容

箇条	郡奉行の上申内容
1	御加子役を免除されている浦々が御菜米（魚年貢）を賦課されるのは迷惑
2	河成や原野化した耕地にさえ御年貢が賦課され続けているので，調査のうえ実態に即した年貢賦課に改めるべき
3	細川家の御竹藪を用益する代償として上納する請米が過分なため迷惑，藪用益権の返上を認めてほしい
4	御茶屋（藩主の休憩所）番の者の給与等は郡中としての負担だが公儀（細川家）で負担してほしい
5	猪撃ちは先年より鑑札制だが猪が多く田畠作毛を荒らすので，給人地・御蔵納ともに鑑札なき者にも猪撃ちを許可されたし
6	田畠に賦課される竹木・畦切の代銀を免除されたし
7	細川家の御山の竹木を御百姓が家造作・農具・唐臼に用いる場合と竹の利用は代銀を免除されたし
8	古い帳簿に登録されている葭年貢負担地のうち山奥や葭の生えていない所への賦課は御百姓に免除を下されたし
9	綿・漆の木が枯れている土地に賦課されている綿・漆年貢は免除されたし
10	蜜柑の木が枯れている土地には蜜柑の上納を免除されたし
11	木の実の採集納入は御百姓にとって大きな負担なので免除されたし
12	筍の皮の採集納入は農作業と重なり大きな負担なので免除されたし
13	鍛冶炭や薪の搬出道に賦課される租税（道札料）を免除されたし
14	中津郡御蔵納代官が１人死去したので後任を任命されたし
15	中津郡惣庄屋国作九郎左衛門が昨年死去したので倅の善七郎が跡に任じられたが知行50石が給付されていないので，今年から給付されたし
16	小倉城周辺地域の村々に給人衆が出作地を保持し，当該田地の収穫物を御借米返済等に充当して年貢納入が後回しになっているので，改善を命ぜられたし

忠利の裁可内容
実態を詳細に調査して再度報告せよ
まずは本来のように給人地として百姓の耕作に戻せ
吉原村百姓に鉛を掘らせ，運上は頃合いをみて申し付けよ
来年任命する
免除する
現状調査したうえで来年任命する
免除する
田地を畠に転換した地は畠年貢，その逆は田の年貢を賦課せよ
新溝に年貢を賦課してはならない
小倉出とする
新百姓の役儀は経営実情に応じて免除せよ
帳簿の該当村に印を付け事情を明記して上申せよ
今まで通りとせよ

箇条	郡奉行の上申内容
17	規矩郡足立原の砂新地高400石余は諸奉公人・町人として開発されたが現在は走人・死人・無主地が厖大に生じているので，当年から給人地として家臣に管理させてほしい
18	規矩郡篠崎の内の畠方100石が元和５年に御百姓から召し上げられ御奉公人衆に与えられたため御百姓が迷惑している
19	規矩郡吉原村の鉛山が領主直営になったため，吉原村の御百姓たちが迷惑している
20	新たに惣庄屋を任命されたし
21	紫の掘出し・納入は少量であっても農作業と重なるので毎年買って上納せざるを得ず迷惑
22	惣庄屋がいない地域には新たに任命されたし
23	細川家の留山から草を採集する権利を得るための札銀を免除されたし
24	灌漑条件の悪い田地を畠に転換したにもかかわらず田の年貢を上納しているため御百姓が迷惑す
25	去年からの大水で灌漑水路が破損したため新水路の用地にあてた田畠の年貢を免除されたし
26	上田川の御蔵納の年貢米はかつて給人地であったときは中津郡大橋村に津出していたが，現在もそのままなので勝手が悪く御百姓が迷惑しているので，郡中並に小倉出にされたし
27	御百姓数少なき在所で当年新百姓を仕立てた村は年貢率を下げ御役儀を免除されたし
28	領国境目の在所のうち先年まで給人地だったのを御蔵納に変えた所は現在も少々役儀が軽い，これ以後は給人地に戻さないでほしい
29	御蔵納代官・惣庄屋らが，御用について在々へ廻す触状は今まで通り代官・惣庄屋の者で廻し，つかえた場合は村送に百姓に申し付けさせてほしいと要求している

を明示している。

つまり、村（村庄屋）―手永（惣庄屋）―郡（郡奉行）という、百姓の自治団体を基礎に置いた領国統治の系統は、必ずしも大名権力がその政治的意思を伝達・徹底させるための組織ではなくて、百姓の経営状態や地域社会の具体的状況を踏まえた要求、つまり百姓身分の地域住民から大名権力への要求・提案を、ボトムアップするパイプの役割をも果たすものであった。このパイプを介して、百姓の家と地域社会の再生産に関わる多様な政策が形成・実現されたのである。

この統治系統＝パイプの性格を考える上でもう一つ重要なのは、家臣たちとの関係である。家臣たちが百姓（村）から年貢や夫役を徴収する根拠は領主としての土地所有にあり、その権限は大名当主から宛行《あてが》われた領知高（知行）によって規定されている。しかもそれは単なる机上の数値ではなく、具体的な村を指定して宛行われるから、本来、知行取家臣は知行地の百姓たちに対して、小さいながらもいわば「一国一城の主」として臨んでも不思議ではない。しかし、後述するように（「給人領主制の制御」の項）、この統治系統は、知行取家臣による百姓支配のあり方までをも規制の対象にしていたのである。

地域社会からのボトムアップを実現し、なおかつ家臣の百姓に対する私的権力行使を規制する。こうした統治のあり方を単に大名権力による地域「支配」といってしまうと、本質を捉えきれなくなるのではないか。そこで本書では、村（村庄屋）―手永（惣庄屋）―郡（郡奉行）からなる統治系統を「地域行政機構」、これに依拠してなされる政策形成・実施過程の総体を「地域行政」と呼ぶことにしたい。むろんこの「行政」は、立憲主義のもとでの三権分立のそれとは歴史的段階を異にするものだが、すでに江戸時代初期に、(一)百姓身分を中核とした地域住民に共通する課題（公共的課題）に対応する政策形成と、(二)家臣の私的権力行使の抑制、これらを柱とする統治体系が動きだしていたことを踏まえた概念として用いることにしたい。本書の主題にとって重要な点である（稲葉継陽「一七世紀における藩政の成立と特質」）。

しかし、この上申書によると、驚くべきことに忠利の家督相続時点で、小倉藩領における地域行政機構は基本から緩んでいたことが知られる。問題点は以下の四点に整理できる。

忠興代末期①―地域の実情と領主帳簿との乖離

まずは、第一・二・八〜一〇・二四条に明記されている、地域の実態にそぐわない各種課税の継続の問題だ。第八条には、古い帳簿に登録されている葭年貢《よしねんぐ》の負担地と元和七年段階の実状とが整合しない状態になっていて、実際に葭が生えていない地に賦課され続けている葭年貢の免除を要求している。漁をしていない村に魚年貢が（第一条）、耕作放棄地に年貢が（第二条）、綿・漆《うるし》の木が枯れた地に綿年貢や漆年貢が（第九条）、蜜柑《みかん》の木が枯れた地に蜜柑が（第一〇条）、それぞれ賦課され続けていたのも同様である。

第八条にある「古い帳簿」とは、細川家が慶長五年（一六〇〇）に丹後国から小倉領へと国替えになった直後に作成された小物成（雑税）台帳であろう。この時点ですでに二〇年が経過していた。第二四条で「灌漑《かんがい》条件の悪い田地を畠に転換したにもかかわらず、田の年貢を上納している」と上申されているように、領主帳簿に土地利用の変容が反映されず、両者の乖離《かいり》が放置されているために、無理な課税が継続されていたのであった。忠利は、こうした現実を衝《つ》いた百姓からの免除要求を、すべて受け入れざるをえなかった。

忠興代末期②——百姓迷惑

第二に読み取れるのは、百姓の経営危機と地域の荒廃という深刻な事態である。この上申書の文面中には、「（御百姓）迷惑」という表現が七ヵ所見られる。「迷惑」とは、百姓が経営に支障をきたして、その生活が領主による「御救」を必要とする状況を表現した前近代の公的用語であり、中世から盛んに用いられた。百姓を迷惑させない支配を実現することが、この時代の大名・領主が果たすべき責務だと考えられていたのだ。悪政が継続して「百姓迷惑」が発生したとき、その事実を領主に申し立て、領主が対応する限りで、当該領主の支配の正当性が確認される。これが中世以来の領主—百姓関係の根幹を規定する伝統であった。

しかし上申書では、いくつもの課税や地域政策が、農業（第五・一二・一八・二二・二四

〜二六条）、あるいは鉛採掘業（第一九条）といった百姓の生業を阻害して「迷惑」だと百姓から明確に指摘され、忠利は郡奉行に調査・改善を指示している。そればかりか、百姓人数の減少（第二七条）や、新地での広大な耕作放棄地の出現（第一七条）といった、危機的事態もが発生していたのである。

忠興代末期③——不正常な惣庄屋人事・処遇

こうした問題状況を規定していた根本要因が、第一五・二〇・二二条に見られる惣庄屋の不正常な人事・処遇の問題であった。死去した惣庄屋の子息が後任となっても、役料としての知行が給付されていないケースや、新惣庄屋が任命すらされていない手永があった。これでは、地域行政は機能不全に陥ってしまう。領主帳簿と地域の実態との乖離が放置されて百姓が各種租税の免除を強く求め、地域荒廃の危機が色濃くなっていたのも、地域行政のかなめ役である惣庄屋の職務が十分に果たされていない状況に起因する問題であっただろう。

忠興代末期④——給人地支配の制御不足

これは細川家臣による百姓支配の問題である。上申書には「御蔵納《おくらのう》／給人地《きゅうにんち》」という表現が頻出する。御蔵納とは、小倉藩ならその領国の中で狭義の細川家が年貢等を収取する直轄領を指す。その比率は、どこの藩でも全石高の四割程度で、忠利が家督相続した時点での細川家御蔵納は一六万石程度、その支配には忠利から任命された代官があたった。第一四条に見えるのがそれである。一方、その他の六割は細川家臣の知行地《ちぎょうち》であった。前述のように、大名は家臣に対して具体的な村を指定して百姓付の土地＝「地方《じかた》」を宛行った。これを学術的には地方知行制といい、宛行われた家臣を給人（知行取）、地方を給人地と呼んだ。給人は自分が支配する給人地の百姓から上納される年貢諸役によって、自家の経済を維持した。個々の給人たちは、給人地の村と百姓に対して領主として臨んだのだ。このように、どこの手永でも御蔵納と給人地が混在し、場合によっては一村落の内部に両方が設定されている場合もあった。

ポイントは、第二八条で「領国境目の在所のうち、先年まで給人地だったのを御蔵納に変えた所は現在も少々役儀が軽いので、これ以後は給人地に戻さないでほしい」、と要求されていることだ。本来、御蔵納と給人地の年貢諸役は同等でなければならない。しかし、小倉城（奉行所）から遠く離れた国境地域では、給人地の負担が過重な状況があり、百姓らに忌避されていたのである。給人はみずからの給人地に対して領主として臨むから、年貢諸役の村請を前提としながらも、その給人地独自の基準でもって年貢を徴収し、独自の夫役や物納租税（小物成）を百姓に要求しようとする。だから大名権力は給人の給人地支配を一定の枠内に制御せねばならない。これは戦国大名から近世大名にいたるまでの一貫した課題であった。しかし細川家の場合も、小倉城奉行所に近い領国中心部の給人たちに一定のグリップが効いたとしても、遠隔地の給人地支配は制御困難な状況があったのだ。給人は給人地の百姓に過重な負担を要求する傾向があったわけだが、その背景で進展していたのが、大名財政の大坂資本への依存と給人財政の窮乏化であった（朝尾直弘「上方からみた元和・寛永期の細川藩」）。永青文庫に伝来する細川忠利の借状によって知り得る上方商人からの借銀《しゃくぎん》の規模は、元和八年（一六二二）五月から寛永二年（一六二五）二月までの間に確認されるだけで、計四八件・四二二七貫余にのぼる（神雑一）。当該期の西国《さいごく》大名にとって、参勤時の江戸賄料《まかないりょう》を調達し、幕府から要求される江戸城・大坂城普請《ふしん》（公儀普請役）へ対応するためには、上方借銀は必要不可欠であった。毎年の借銀高はその年に大坂に回せる年貢米の数量を勘案して年初に予算として計上される。それは恒常的な借銀依存であり、年貢米による利子分の確実な返済が新たな借入の根拠となっていた。さらに、公儀普請役を務める個別家臣の財政状況もきわめて厳しく、忠利による上方商人からの借銀は、単独では借入することができない中下級家臣層への貸付＝救済にも充当され、忠利はそうした給人から「運上米銀」（給人としての役儀等と借銀返済分を一括した米銀）を徴収した。ところが、この米銀納入に窮した給人らが、負担を百姓へ転化するという事態が生じていたのだった（叢書一六号）。

以上のように忠利は、忠興代末期に地域行政が弛緩《しかん》して多くの問題が生じていた事実を、代替りの訴訟上申によって具体的に把握した。ポスト戦国世代の新当主忠利には、地域行政ひいては領国統治体制の全体を再構築するための大胆な判断と実践が求められていたのであった。

給人領主制の制御

元和期における地域行政の弛緩は、地域社会の疲弊をかなり深刻なところまで進展させていた。元和七年八月三日には郡奉行衆から再度の上申書（叢書二号）が提出され、「今年の麦は大変な不作で、百姓らは来年蒔く麦種子さえ手元にない。春に米穀を貸し付けないと、来年夏の食料にさえ事欠くことになりはしないでしょうか」と、危機管理が要請されていた。また郡奉行衆は、「御蔵納の御百姓は男女ともに一人も奉公に出してはならないと、先年、忠興様から命じられました。しかし、村にいても農作業に携わらない者、御百姓によっては子供や下人（家内労働力）が多くて村内での用もない者もいます。郡奉行の吟味の上で奉公に出してはいかがでしょうか」とも提案している。賃仕事に出ないと村の人々が命をつなげない状況が出はじめていたのだ。

こんな実情を知りながら、忠利は元和七年の十一月には参勤のために小倉を発ち、将軍家との関係上、元和八年の一年間を江戸で過ごさねばならなかった。しかし忠利は同年の三月四日、惣奉行の浅山清右衛門らに江戸から次のように伝え、給人地支配の制御のため、地域行政系統の整備を徹底するよう指示した（叢書四号）。

知行之百姓之出入者、右より如申、給人より無構《かまいなく》、惣庄屋、其次郡奉行、其次奉行所、其次年寄共《ども》承、悪候共能候共、必給人ニ構申間敷候由、呉々《くれぐれ》可申聞候、何も紛たる事候者、我等下候上、埒《らち》をあけ可申候間、それまてハなにやうにも右之者共次第ニ可仕候由、堅可致申候事、

冒頭の「知行の百姓の出入」とは、給人地の支配をめぐる給人と百姓との紛争を指す。そうした紛争が発生した場合には、以前から指示している通り、給人の実力行使を抑止させた上で、次のような措置をとれ。第一に「惣庄屋」（手永）のもとで事情検討と調整をさせよ。それで解決できない場合には、第二に「郡奉行」のところに案件を帰属させて検討・調整させ、それでも解決がつかない場合は、第三に「奉行所」（惣奉行）のところで事にあたり、それでも解決不可能な場合は、第四に「年寄共」＝家老衆にその案件を帰属させよ。百姓の行為の善悪にかかわらず、給人が実力を行使するようなことだけは絶対に避けるよう、家臣団に厳密に周知させせよ。以上の四段階を経ても解決困難な案件は、自分が国に帰ってから決裁するので、それまでは右の諸段階によって紛争解決にあたるよう徹底せよ。

忠利は、村―手永（惣庄屋）―郡（郡奉行）―藩庁奉行所（惣奉行）―家老衆（家老合議制）―当主（当主裁可）という統治・行政機構の諸段階によって、この問題に対処する方針を明確化していた。わけても重要なのは、給人の百姓に対する実力行使を厳禁している点だ。細川家臣＝給人たちも、戦国時代までは実力完備の在地領主として小さいながらも一城の主だった者も少なくなかった。彼らの牙をもぎ、戦国ふうの実力行使を制限させて地域行政機構の中に本格的に埋め込むことで給人地支配をコントロールしようというのが、忠利の一貫した施策であった。

給人の領主権限行使の制御は、給人地からの年貢の収納にまで及んだ。元和八年八月十八日付の忠利の惣奉行宛て達書（叢書八号）には次のようにある。

一、当年諸給人運上米銀多在之ニ付、知行之口明《くちあけ》申間敷《まじき》由申越候、然共袖判《そではん》を以上方町人之銀子借用之元利都合千貫目余在之由候、内三百貫目当暮取立相済候ハヽ、残而七百貫目者来年へ指延可申様ニ小倉屋仁兵衛申ニ付而、相当ほと宛知行之口明可申哉と申越候儀、弥《いよいよ》其分ニ候ハヽ、各相談之上可然様ニ可仕候事、

小倉の惣奉行は江戸の忠利にこう報告し、判断を求めている。本年の「諸給人運上米銀」つまり給人たちの借銀返済分の米銀は多額となるので、「知行の口明」をせずにいる。ただし大坂蔵元の小倉屋仁兵衛とは、忠利名義の証文（「袖判」）による借銀の元利一〇〇

〇貫目のうち三〇〇貫目を年末までに給人たちから取り立てて返済すれば、残る七〇〇貫目の返済は来年へ延期するとの話がついている。三〇〇貫目相当の知行口明を実施してはどうか、と。これに対して忠利は、奉行衆「相談」の上で提案通りの措置をとるよう、指示している。

知行口明とは、給人地の年貢米をそこから搬出することである（吉村豊雄『近世大名家の権力と領主経済』）。それは本来、給人たちの経営上の行為にほかならなかったものが、ここでは惣奉行衆がその可否を検討しているのだ。これは、忠利名義の大坂蔵元からの借銀の貸与に預かっている給人たちから確実な返済を得るために、給人地の年貢を惣奉行が管理し、大坂商人に一括販売して蔵元への返済に充てていたことを示している。この時期の大名家そして家臣団の財政窮乏と大坂米市場への依存状況は深刻であった。だが忠利と惣奉行は、個別給人との間に生じた債務関係を梃子《てこ》にして、給人たちの年貢徴収権限の行使を管理しようとしたのだった。

人畜改帳の徴収

給人地支配の管理制御に一定の見通しを得た忠利が、前述の①~③の状況に対処するために打った第一の手は、すでに本書でも度々言及してきた「人畜改帳」の徴収であった。各郡内各手永、そして各村の実情を把握したい忠利は、惣奉行を通じて各郡奉行へ家数・人畜数等を郡ごとに集計した帳簿の作成と提出を命じたのだった。提出された帳簿の原本はすべて永青文庫に伝えられている（『大日本近世史料 小倉藩人畜改帳二〜五』）。小倉城周辺の規矩郡を例にとれば、全六九村が帳付けされ、帳の末尾には、一郡家数の総計四四二六軒が「本屋」「名子家」等の身分別に合計して登録され、同じく男女人数総計一万八九三人が「本百姓」「小百姓」等の身分ごとに集計されている。

これで忠利は、地域行政立て直しの前提として、各郡各村の状況を一程度は把握することができただろう。しかし人畜改帳の作成は、各郡のすみずみまで郡奉行が立ち入って戸口調査した結果ではなかった。なぜなら、この帳簿の作成主体はどの郡でも惣庄屋たちだったからだ。忠利がみずからの領国の地域社会の実情を把握するには、惣庄屋からの申告＝指出《さしだし》（藤木久志『村と領主の戦国世界』）に依拠する以外に方法がなかったのだ。ところが、その惣庄屋の処遇が不正常であったわけだから、危機対応のための現状把握がこれで充分なはずはなかった。

目安箱の設置と運用

忠利がやっと国元に戻ることができたのは、じつに翌元和九年（一六二三）の閏八月九日であった。帰国した忠利は九月二十四日に惣奉行に対して、十一月中旬から「御国廻《おくにまわり》」を行うとの意向を示した（「覚書」『福岡県史 近世史料編 細川小倉藩㈢』）。忠利自身が領国内を巡検して「御郡中」つまり地域社会の様子を把握したい、というのである。それればかりではない。忠利は国廻に先立つ十一月一日に、一郡に一つずつの「目安箱《めやすばこ》」を設置するよう惣奉行に命じていた（同前）。百姓からの訴状を受理するためである。

目安箱と聞いて驚いた読者も少なくないだろう。高校までの日本史教科書では、八代将軍徳川吉宗《よしむね》が「享保の改革」に際して諸人からの政策提言を促すために設置したものしか出てこないからだ。しかし近年の研究で、戦国大名北条氏や今川氏の目安箱の機能が注目され、江戸時代初期の少なくない藩が設置したことも知られている（稲葉継陽『日本近世社会形成史論』、ロバーツ・ルーク「土佐藩訴状（目安）箱の制度と機能」）。細川家の場合、家督を相続して間もない忠利が、みずから領内巡検して地域社会の現状を把握するためのツールとして設置されたのである。

このときの御国廻りの様子については史料が見出せず、巡見がどのように行われたか、確かなことは分からない。ただし、設置された目安箱には、同年十一月八日から翌元和十年正月までの間に領国内各郡の百姓・庄屋・物庄屋らから二二通もの申状（要求書）が次々と提出されたことが知られる（『福岡県史　近世史料編　細川小倉藩㈢』）。それらをまとめた表5を見よう。

まず注目すべきは、二二通中じつに九通が宇佐郡の御蔵納・給人地の庄屋や百姓らから

（出典：永青文庫細川家文書12.7.7.4）

宛所	要求内容	忠利・惣奉行裁可
（なし）	慶長６年検地で村高168石余が慶長14年検地で57石余上がる，畝竿詰りにて百姓迷惑百姓逃散するも他国より１人も来住せず百姓迷惑す	高50石分役儀免除す
御奉行衆中	在郷にて焼物一切売れず，20年間堪忍するも本国朝鮮に女子とともに帰りたし	何時なりとも川口切手を発行するので罷り帰るべし
御奉行衆中	給人の未進百姓に対する折檻により子を殺し放火自殺す，慶長14年から免大分上がり百姓迷惑，菩提村悪所故，御百姓相続くよう定免とし役儀数年間免除するよう要求	来年４月に定免とする
（なし）	加子役・上ケ役両方勤仕のため御百姓迷惑す，加子役・水夫役の雇賃に百姓迷惑す，漁をせざるに菜米徴収されるは迷惑，浦奉行・惣庄屋衆にこの旨訴えるも分別なし	水夫雇賃，水夫役５人分，御菜米を免除す
西郡形部・浅山清右衛門・横山助進・仁保太兵衛	加子役・上ケ役両方勤仕のため御百姓迷惑す，加子役・水夫役の雇賃に百姓迷惑す，漁をせざるに菜米徴収されるは迷惑，浦奉行・惣庄屋衆にこの旨訴えるも分別なし	水夫雇賃，水夫役10人分，御菜米を免除す
西郡形部・浅山清右衛門・横山助進・仁保太兵衛	打ち鳴らしの磬を長岡式部少輔に売った代米3石を惣庄屋へ預けたものの滞っている	文書で申請すれば必要な量を寺の修理料に充当する
西郡形部・浅山清右衛門・横山助進・仁保太兵衛	田畠検地に甲乙あり高免のため頭百姓も潰れ百姓迷惑，加子役に百姓めげ，櫓手の雇賃米に迷惑す今後は岡役のみ仰せ付けられたし	水夫雇賃，水夫役10人分，御菜米を免除す
御奉行衆中	岡役仕る筋目の御百姓ばかりなのに加子役課さるため百姓めげ申す，どちらか一方の役儀に限られたし，郡奉行が加子役免除のかわりに高免とするは迷惑，百姓相続くよう仰せ付けられたし	水夫雇賃，水夫役４人分，御菜米を免除す
小倉御奉行衆中	惣庄屋山移源右衛門に押し取られた親の跡職田地・家屋敷を私に下されたし	忠利代に始まる訴訟の儀のみを受け付けるので，本件は調査に及ばず
（なし）	検地竿はまり，上中下とも殊の外違い，悪田畠も高過分に懸り，惣高に懸る諸役・物成過分につき迷惑す	竿の違いは次の御検地を待つべし，御郡役を100石につき10石免除す
御奉行様	検地竿詰りに迷惑，悪田畠も高過分に懸り，惣高に懸る諸役・物成過分につき迷惑す，竿詰りの村にもかかわらず，日損・池成・川成にも差引なし	竿の違いは次の御検地を待つべし，御郡役を100石につき10石免除す

表5　元和9年11月設置目安箱への庄屋・百姓等申状（忠利・惣奉行裁可）

史料番号	史料名	年月日	差出
1	規矩郡柳村百姓佐助等申状	元和9年11月15日	柳村廿町佐助・頭百姓源兵衛・小百姓喜介以下5名
2	焼物屋杢左衛門申状	元和9年11月8日	弁城焼物や杢左衛門尉
3	京都郡菩提村百姓等申状	元和9年11月15日	菩提村御百姓源左衛門尉以下3名
4	京都郡御蔵納行事村役人等申状	元和9年11月8日	浦庄屋善兵衛・上ケ庄屋平右衛門・御百姓喜兵衛以下4名
5	仲津郡御蔵納大橋村庄屋等申状	元和9年11月12日	御百姓又兵衛以下12名
6	永瑞院慶宥申状	元和9年11月11日	永瑞院慶宥
7	仲津郡今居村百姓等申状	元和9年11月13日	七郎兵衛以下13名
8	仲津郡元永村百姓等申状	元和9年11月15日	仁右衛門尉以下9名
9	下毛郡奥畑村百姓申状	元和9年11月14日	下毛郡山国之内御蔵納御百姓おくばた村清左衛門
10	宇佐郡元重村給人地庄屋等申状	元和9年11月10日	鳥居六左衛門殿庄屋又五郎・草市右衛門尉殿庄屋彦介
11	宇佐郡元重村御蔵納庄屋等申状	元和9年11月10日	元重村御蔵納ノ庄屋久右衛門・同御百姓次郎介以下4名

宛　所	要求内容	忠利・惣奉行裁可
御奉行様	検地竿詰り，田畠ともに上中下のはまり殊の外違い，百姓走り，残る百姓として高懸り諸役を仕り迷惑す御竿，上中下のはまりを直されたし	竿の違いは次の御検地を待つべし，御郡役を100石につき10石免除す
御奉行様	検地竿詰り，田畠ともに上中下のはまり殊の外違い，百姓走り，残る百姓として高懸り諸役を仕り迷惑す御竿，上中下のはまりを直されたし	竿の違いは次の御検地を待つべし，御郡役を100石につき10石免除す
御奉行様	検地竿詰り，田畠ともに上中下のはまり違い，迷惑す免定にも下地が足りないのに作柄ばかり評価されるので迷惑す	竿の違いは次の御検地を待つべし，御郡役を100石につき10石免除す
御奉行様	検地竿詰り，上中下のはまり御百姓迷惑のため直されたし，田を畠に作る分の減高差引されずに上納のため迷惑，この旨，元和７年に郡奉行から御耳に達するも一部しか引かれず，諸役に迷惑す川成御改奉行の査定方法に迷惑す	竿の違いは次の御検地を待つべし，御郡役を100石につき10石免除す田の畠になった分は減高を遣わす
小倉御奉行衆様	同村朽木久五郎殿御知行所60石，田畑ともに竿詰り，上中下のはまり悪く百姓走り，60石明高となり，我々が作る	竿の違いは次の御検地を待つべし，御郡役を100石につき10石免除す
小倉御奉行様	田畠竿詰り，上中下はまり悪しく迷惑のため御百姓５人（男女26人）走るにより，残る百姓共として役目等迷惑す，御諚に任せて上申す	竿の違いは次の御検地を待つべし，御郡役を100石につき10石免除す
御奉行様	竿詰り殊の外違い，上中下はまり悪く御百姓迷惑すその上，池成・川成分の差引不十分にして百姓奉公に出，村衰微す	竿の違いは次の御検地を待つべし，御郡役を100石につき10石免除す
(なし)	特に忠利代となって免相上がり，百姓かじけ果て散々の仕合	(なし)
①佐藤半介・堀江半兵衛②西郡形部少輔・浅山清右衛門・横山助進・仁保太兵衛	築城郡椎田村・湊村・松江村，御加子役・あげ役両方仕る故御百姓迷惑，一方を免除されたし	水夫雇銀，御菜米を免除す
白井平助・宗像清兵衛	永荒・新地の内，作毛できない所も年貢米上納し御百姓迷惑により，百姓勝手次第に耕地を引き替えての開きを許可されたし	御郡奉行衆と立ち合いで勝手次第に開替せよ
白井平助・宗像清兵衛	八田山の新開牢人に御米３石貸与されたし，等覚寺山伏役儀免除されたし	八田山牢人に鍬下年季6年で貸与す，山伏の役儀を免除す

史料番号	史料名	年月日	差出
12	宇佐郡黒村幷山袋村給人地庄屋等申状	元和9年11月19日	山路太左衛門殿御庄屋黒村ノ藤七郎・同百姓源右衛門・同百姓清二郎・武田佐内殿分山袋村庄屋助兵衛・久野二郎左衛門殿・牧長三郎殿同百姓善七
13	宇佐郡中村御蔵納給人地庄屋等申状	元和9年11月17日	御蔵納中村庄屋五郎右衛門・同百姓長二郎・神足半七殿庄屋助左衛門・同百姓藤左衛門
14	宇佐郡末村木内村給人地庄屋等申状	元和9年11月10日	末村庄屋喜左衛門・同村百姓吉右衛門・木内村庄屋次兵衛・同村百姓源三郎
15	宇佐郡御蔵納末村庄屋等申状	元和9年11月10日	末村頭百姓源太郎以下3名・同小百姓弥三郎ほか1名・同庄屋加兵衛
16	宇佐郡今成村荒仕子名子等申状	元和9年11月19日	荒仕子三允・名子二郎作・同道念
17	宇佐郡今成村庄屋等申状	元和9年11月18日	庄屋助左衛門・百姓源左衛門以下4名
18	宇佐郡元重村給人地庄屋等申状	元和9年11月10日	永井安太夫殿庄屋甚介・同百姓孫二郎ほか1名
19	築城郡御蔵納湊村庄屋等申状	元和9年11月7日	みなと村庄や次郎右衛門・頭百姓二郎三郎以下4名
20	築城郡惣庄屋両名申状	元和10年正月15日	御惣庄屋椎田與右衛門・同角田彦右衛門
21	京都郡惣庄屋等申状	元和10年正月19日	京都郡御惣庄屋雨窪二郎右衛門・同堅嶋四郎左衛門・同岩熊孫兵衛
22	京都郡惣庄屋稲光五郎兵衛申状	元和10年正月19日	京都郡惣庄屋稲光五郎兵衛

の申状であったことだ。これによって忠利は、宇佐郡の地域行政に大きな問題が存在することを把握したのである。しかも15の宇佐郡御蔵納末村庄屋等申状を見れば、水田の畠に転換した分の減高が引かれずに、畠にもとのままの年貢・諸役が賦課され続けているのが「迷惑」だと訴えられている。この要求は、元和七年六月の代替り徳政で忠利の耳に達し、忠利も耕地の実態に即した年貢賦課を郡奉行に命じる旨を裁可していたのと同じものだ。それが二年後の年貢収納期まで放置されていたわけだ。さらに申状を通覧すると、これも元和七年六月の郡奉行衆上申書で筆頭にあげられた水主役《かこやく》（船運夫役）や御菜米《ごさいまい》（海産物の代米）の免除要求が、ひろく海岸部の村々から再要求されているのが目立つ。忠利の怒りが想像されるが、彼は元和七年の代替り徳政を徹底すべく、免除を認める旨、裁可している。

しかし、より大きな問題として注目すべきなのは、宇佐郡からのすべての申状に共通して見られる「検地竿詰り」「田畠上中下のはまり悪し」、つまり検地実測基準の不正運用による耕地面積の過大登録と耕地等級の不正な吊り上げとを指摘する一一通もの申状（1、7、10〜18）だ。1によれば、細川家による検地は豊前・豊後入国直後の慶長六年（一六〇一）と同十四年であったが、問題が多かったのは慶長十四年の検地だった。村ごとの検地帳に不正がはびこっているようでは、村請による年貢・諸役の収取などできるはずもない。年貢納入義務を果たさずに他村に移住してしまう「走り百姓」の発生は、不当に高い年貢・諸役が賦課され続けたことからくる当然の帰結であった。

忠利と惣奉行衆は、宇佐郡の村々に検地のやり直しを約束せざるをえなかった。事態は深刻であった。

惣庄屋制の再構築

検地の不正に関わったのはだれか。また、その不正な数値による年貢・諸役の徴収を長期放置した責任を負うべきはだれなのか。目安箱に投入された百姓の申状によって事情を知った忠利と惣奉行衆がターゲットにしたのは、地域行政の基本ユニットである手永の管理責任者である惣庄屋だった。元和十年（一六二四）正月十五日、忠利は各手永惣庄屋から元和九年分の年貢・小物成の納入、走百姓の有無等についての実績を手永ごとにまとめた報告書（指出、叢書二九〜三三号）を提出させた。そのうち宇佐郡の指出を見ると、郡内各地の地名を名乗る一四人の惣庄屋の業績が申告されている。前述したように、惣庄屋の中には、中世以来、郡内に領主的拠点（苗字の地）を保持していた戦国期の小領主層に出自を持つ者があった。たとえば、宇佐郡高並（現宇佐市院内町高並）を苗字の地とする惣庄屋高並又右衛門尉は、戦国期には大友氏の有力な在村家臣になっていた（『院内町誌』）。高並又右衛門手永の故地（現宇佐市院内町）には、現在も「高並屋敷」の地名が遺っているほどだ。

図８　高並屋敷の現状

忠利と惣奉行衆は、前年の庄屋・百姓等申状の内容、郡奉行からの上申（叢書二九号）、それに地域行政の監察役である郡横目《こおりよこめ》（同五五号）からの報告を総合的に検討したとみえ、指出に記載された全惣庄屋の職務業績を評価し、その結果だけでなく処遇を決定して指出の原本に書き込み、必要に応じて忠利の決裁印を捺している。

こうして、宇佐郡惣庄屋一四名のうち、知行高七〇石の高並又右衛門尉、同三〇石の麻生善助、同五〇石の山本少左衛門尉の職務業績が「下」と評価された。興味深いのは、その評価結果に基づいてなされた処置で、忠利は惣庄屋指出と同日付で次のように即決している（叢書三四号）。

一、規矩郡御物庄屋吉原三助知行被召上候事（ローマ字青印）

一、宇佐郡御物庄屋高並又右衛門尉・山本少（勝）左衛門尉籠者被　仰付候事（ローマ字青印）

元和拾年正月十五日

規矩郡の吉原三助については知行召し上げ、宇佐郡の高並・山本は籠屋《ろうや》への拘禁という措置をとる旨、担当奉行が忠利に確認を求め、忠利がローマ字印で裁可している。さらに、同年二月末に参勤に出立する直前、忠利は宇佐郡の二人の最終的な処分について自筆で認めた次の文書（叢書三八号、図9）を奉行中に達している。

四月一日ニ土《ど》めん（免）定候時、高なミ又右衛門尉せいはい可申付候、山本少左衛門尉ハ我々下候迄ろうニ入可申候、江戸より又重而様子申越事も可有之候、以上

元十二月廿四日（ローマ字青印）

奉行中

忠利は、高並の処刑を「土免定」（後述）がある四月一日に執行するよう、山本は拘禁継続するよう、奉行中に命じているのである。さらに忠利は四月十二日、高並と同居の子息一名、宇佐郡内の別の場所にいた子息二名の、合わせて三人を、全員「成敗」せよとも指示している（叢書四二・四三号）。高並への見せしめ的で徹底した処断の理由が、一類ぐ

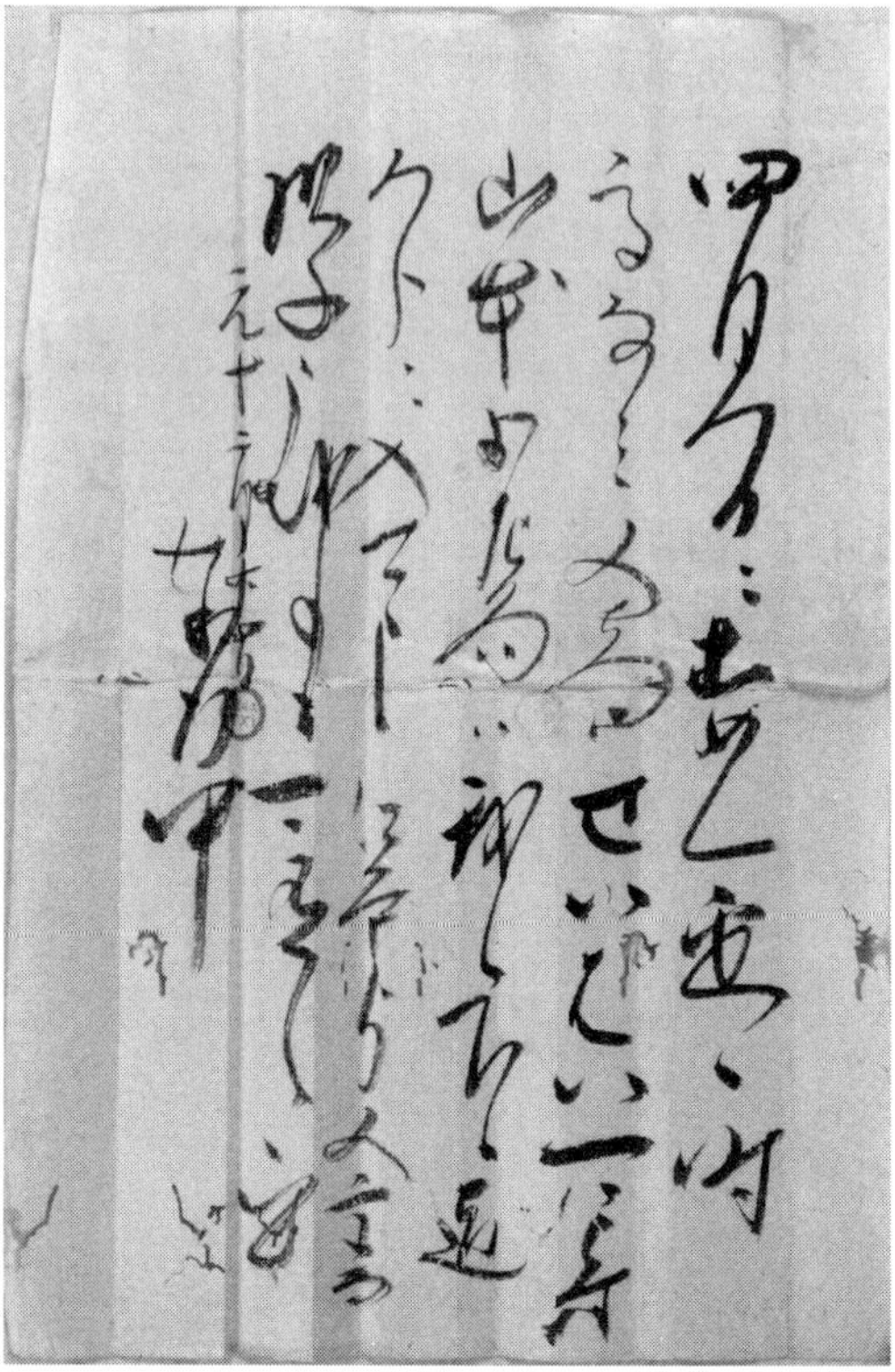

図9　元和10年2月24日　細川忠利自筆達書
（ローマ字青印）（公益財団法人永青文庫蔵，熊本大学附属図書館寄託）

るみの職務不正にあったことは明らかであろう。
わけても高並に対する処分が、かくも厳しいものとなった理由はなにか。じつは元和九年十一月に相次いで目安箱に申状を提出して検地の不正を訴えた宇佐郡の七ヵ村（表5）のうち六村が、高並又右衛門手永に属する村々であった（図7）。つまり、検地不正に代表される惣庄屋の恣意的手永支配が、改革の第一の対象とされたのである。

一方、評価の結果、処遇改善された惣庄屋もあった。宇佐郡の斎藤覚兵衛は二〇石加増されて知行三〇石、さらに山村与右衛門尉は二〇石加増で知行五〇石の厚遇を受けることになった。指出原本には忠利がローマ字青印を捺して加増を決裁している（叢書三三号）。また、他郡でも分かるだけで一一人の惣庄屋が知行の新規宛行《あてがい》や加増を受けていた。

惣庄屋の職務業績評価による人事処断は、当該期の地域行政機構の基礎である惣庄屋・手永制が、単に小領主の伝統的・私的地域支配に依存した体制ではなく、そうした段階を脱却した公的な性格を帯びはじめていたことを示すものだ。業績評価によって免職・処刑される惣庄屋と処遇改善される惣庄屋。この惣庄屋制再構築は、小領主のいわば地域行政役人化を推進する政策であった。

しかし忘れてならないのは、この政策が忠利代替りにおける郡奉行衆を通じた百姓からの要求内容、さらに忠利が設置した目安箱に入れられた庄屋・百姓等申状の要求内容に依拠した改革だった事実である。百姓に支配・行政上の問題を指摘され、さらに改善を具体的に要求された以上、忠利はそれを的確に把握して、すぐに対応せねばならなかったのである。

はるか昔、十二世紀に全面的に成立した百姓身分の特質は、武士領主の家支配圏の内部に存在する家人《けにん》・下人《げにん》身分とは異なり、領主と一定の条件合意のもとで支配関係を結び、訴訟と逃散《ちょうさん》の権利を保持する自立性を有していた点にあった（戸田芳実「平民百姓の地位について」、入間田宣夫『百姓申状と起請文の世界』）。鎌倉幕府とて、地頭領主がこうした百姓の権利を侵害するのは「仁政《じんせい》」にもとる不法行為だとする法を制定せざるをえなかった（御成敗式目四十二条）。「仁政」とは、儒教の徳治思想に基づいて為政者の仁徳によってなされる民のための理想的な政治を指す概念で、「徳政」と同義である。かつて年少のエリート忠利が藤原惺窩のもとで学んだのは、こうした政治の思想と歴史であっただろう。そして忠利は元和十年（一六二四）正月、統治者として百姓の要求に応えることで、百姓の世界に否応なく引きずり込まれた。このとき、忠利が保持していた学問上の統治思想は、ついに国主としての統治実践によって鍛え上げられる段階へと進んだのであった。

村請け契約締結の地平へ

宇佐郡惣庄屋の高並又右衛門尉本人が成敗された四月一日の「土免定」の日とは、二月に植え付けられた苗の根付き具合を踏まえて、御蔵納の暫定年貢率（「土免」）を領主と百姓との間で定めるという、象徴的な日であった。しかも元和十年のその日には、小倉藩領内のすべての郡奉行が各郡内の全惣庄屋を召し連れて小倉に登城して合議し、土免を決定したという（「日帳」元和十年四月朔日条『福岡県史 近世史料編 細川小倉藩㊂』）。村々の石高（表3）に対して何％の年貢を納めるかを交渉するのだから、当然、全領国内の村庄屋や百姓たちの視線も、四月一日の小倉城に注がれていた。忠利の指示通り、高並は土免定当日に処刑され、その私財も刀・脇指にいたるまで闕所《けっしょ》（没収）された（同前四月三日・七日条）。じつに高並の処刑は、忠利代替り徳政の完了を衆目にアピールするためのデモンストレーションでもあったわけだ。

しかし、だからといって忠利が幕藩体制を代表する国持大名《くにもちだいみょう》としての階級的本質を薄めたわけではない。この点の誤解は避けたい。忠利は惣庄屋指出や高並らの処分を裁可したのと同じ正月十五日付で、郡奉行中に「国中へ可申触事」と題した五ヵ条の触《ふれ》を発し、ひろく国中の「惣百姓中」に申し聞かせ、了解した旨の文書を提出させるよう指示している。そこには、蔵入地代官・給人の恣意的支配を規制するための年貢村請や夫役・小物成徴収法の原則が具体的に示されているが、彼はその末尾に次の一条を入れるのを忘れなかった（叢書三五号）。

一、うけおい候物成之儀者、其在所つぶれ候ともゆるし置間敷候、日損・水損・風損ハ土免之上、理《ことわり》次第検見を出シ可相定候事、

村として請負った年貢（「物成」）は、たとえその村が潰れたとしても未納は絶対に許さ

ないと宣言している。忠利が百姓にやさしい権力者だったわけではないのだ。しかし、旱魃《ばつ》・水害・台風による物成損免は、春の土免定の数値を前提にして百姓からの訴訟（「理」）を受け付け、現状確認（「検見」）の上で必要な分を確定する、というのである。個別給人の領主権の制御、惣庄屋制の再構築、そして損免確定の手続き原則の再確認。ついに忠利は、これらの代替り政策（徳政）を実行したことによって、この条文が示す通り、村共同体との厳密な契約関係を追求する地平に到達し、国づくりの第一歩を踏み出すに至ったのであった。

時に元和十年正月。二月末には「寛永」へと改元される。将軍家も秀忠から家光へと代替りを遂げた。「天下泰平」の確立のための忠利の長いたたかいが始まろうとしていた。

豊前・豊後での奮闘

国主としての試練

三斎・忠利父子の葛藤

細川家の家老衆

永青文庫《えいせいぶんこ》（細川家）には、細川忠利《ただとし》が小倉《こくら》で家督を継承した元和七年（一六二一）、それに寛永七年（一六三〇）に作成された全家臣団のリスト（「侍帳」）が伝わっている（一二・一一・六九〜七六）。それによれば、知行取《ちぎょうとり》＝給人《きゅうにん》の人数は元和七年には四九〇人だったものが、寛永七年には六五〇人へと増加している。知行取のほかにも毎年定額の米を俸禄として支給される扶持《ふち》・切米《きりまい》取が、元和七年には五四〇人余りも存在した。総勢一〇〇〇名を超える大所帯となった家臣団は、いかなる原理で運営されていたのだろうか。

寛永七年段階の五〇〇〇石取以上の大身《たいしん》給人の内訳を見ると、①忠興《ただおき》四男（忠利弟）細川中務《なかつかさ》大輔立孝《たつたか》の三万石、②同六男細川刑部《ぎょうぶ》興孝《おきたか》の二万五〇〇〇石に次いで、③二万五〇〇〇石の長岡式部（松井興長《まついおきなが》）、④一万五〇〇〇石の有吉頼母《ありよしたのも》（英貴《ひでたか》）、⑤六五〇〇〇石の長岡監物《ながおかけんもつ》（米田是季《こめだこれすえ》）、⑥五〇〇〇石の長岡勘解由《かげゆ》（沼田延元《ぬまたのぶもと》）、志水伯耆《しみずほうき》、小笠原備前《おがさわらびぜん》らの名が並んでいる。忠利の弟二人が藩の意思決定に関与した形跡はなく、③の松井から⑥までの面々が、家中トップの「年寄衆」すなわち家老衆《かろうしゅう》を構成する中核メンバーであった。

家老衆の出自には共通の由緒がみられる。それは、彼らの父祖が忠利の祖父で細川家の初代となる藤孝《ふじたか》（幽斎《ゆうさい》）と行動をともにしていたことだ。各種の文献史料によって、松井、米田、沼田、志水、小笠原の父や祖父は、室町幕府一三代将軍義輝《よしてる》に藤孝とともに奉公し、三好《みよし》三人衆らとの抗争や、一五代将軍義昭《よしあき》と織田信長《おだのぶなが》との連合政権の樹立から崩壊、そして信長による藤孝の取り立てへといたる激動期に、つねに藤孝とともに行動し、細川家臣となったことが知られる。それだけではない。細川藤孝の正室は戦国期の沼田家当主光兼《みつかね》の娘で、さらに沼田家の系図（四・七・四六・二）によれば、これら各氏は姻戚関係を形成しており、忠利の世代でも忠興五男の寄之《よりゆき》が松井興長の養子となって松井家を継いでいる。また、近世中期に成立した細川家の公式家譜『綿考輯録《めんこうしゅうろく》』の巻二によれば、有吉氏も天正元年（一五七三）七月に藤孝が信長から山城西岡の勝龍寺城《しょうりゅうじじょう》領を宛行《あてが》われた時点で、家臣となっていたとされる。このように、細川家の家老衆は戦国期の室町将軍家の家臣で、藤孝と同僚だった家筋によって占められ、それらは細川家を含めた姻戚関係を形づくっていたのだった。

松井興長以下の家老衆は、いずれも忠興代以来その地位にあった者たちである。では、彼らと忠利との政治的関係はどのように結ばれていたのだろうか。

君主権委任の政治構造

忠利が代替りの徳政をやり遂げ、国づくりの第一歩を踏み出しつつあった元和十年（一六二四）正月に、主席家老の松井興長（長岡式部少輔）は忠利に血判《けっぱん》起請文《きしょうもん》を提出した。後述のように、細川家には十七世紀半ばまでの間に家臣たちが忠利やその後継者光尚《みつなお》に提出した血判起請文が一〇〇通以上も伝来しているが、それらのうちでも最古の文書である（叢書一八〇号）。また、同じ文言の同日付け米田是季（長岡監物）起請文（叢書一七九号）も伝存している。誓約内容を見よう。

天罰起請前書事

一、奉対　忠利様忠儀存、別心表裏仕間敷候、御座有間敷事ニ候へ共、若対　大御所様御無沙汰之儀候者、達而御異見申上、其上にても無御同心候ハヽ、御逆意之御一味仕間敷事、

一、忠利様之御意をそむく輩へハ、縁者・親類たりといふとも、一切不可申談候、御隠蜜《おんみつ》之儀、是又一切他言仕間敷候事、

一、被仰出候御法度《ごはっと》、堅相守可申事、

まず第二条を見よう。ここでは主君忠利の「御意」に背く者はたとえ「縁者・親類」であっても決して通じないこと、「御隠密」の案件は決して他言しないことが誓約されている。そして同第三条では、幕府の「御法度」、あるいはそれをうけて細川家が制定した法度を遵守することが誓われている。これだけなら主君に絶対的忠誠を誓った起請文にみえるのだが、問題は第一条だ。

忠利様に対して忠義を存じ、別心表裏なく仕える。決してあってはならないことだが、もし忠利様が「大御所様」（秀忠《ひでただ》）に「御無沙汰」するようなことがあったなら、私は忠利様に「御異見」（諫言《かんげん》）を申し上げ、それでも忠利様が御同心なければ、自分はそのような忠利様の大御所様に対する「御逆意」には、決して「一味」しない。

将軍家や大名家当主の代替りに際して幕藩関係を滞りなく維持することは、大名家存続のための重大かつ基本的な条件であったろう。細川家存続のためにならない行動は、たとえ当主といえども許されない。自分たちの奉公は当主個人のためでなく、五〇〇人の知行取を含む一〇〇〇人の武士たちからなる細川の「御家」の存続のためになされるのであって、当主の行動もまた、「御家」存続の共同利益を損ねるものであってはならない。もし、こうした観点から当主の行動が不適切だと判断されたなら、それを正すために全力を尽くすのが家老たる者の義務である。これが、興長らの起請文に示される家老の組織観であり価値観であった。

これを忠利側からみると、大御所・将軍の二頭政治をとる幕府との関係を正常に維持していると家老衆から評価されている限りで、みずからの当主の地位が正当化されることを意味している。家老衆と当主忠利との政治関係は、緊張感に満ちた委任関係であったとみてよいだろう。

では、家老衆の地位はどうだろう。細川家創業以来の由緒や姻戚関係に支えられて、つねに安泰だったのだろうか。答えは否だ。慶長十六年（一六一一）十月、松井家では藤孝代よりの家老康之《やすゆき》から興長への代替りに際して、家中の侍二五〇人余が起請文を作成して康之・興長に提出していた。その第一・二条は次のように記す（松三—四七一）。

一、奉対式部少輔殿（興長）、不相替以無二之覚悟、御奉公可申上候事、

一、御座有間敷儀ニ御座候へ共、御若輩之条、万一　殿様へ御無沙汰之儀御座候者、各達而御異見申上、其上ニても無御同心候ハヽ、致言上、御逆意之御一味不仕、殿様御諚次第ニ可致覚悟事、

松井家中の侍たちは、康之時代とかわらず新当主で新家老の興長に奉公すると第一条で誓った上で、第二条に次のように明言したのであった。

決してあってはならないことだが、興長殿は御若輩なので、万が一「殿様」（忠興）

に「御無沙汰」するようなことがあったなら、興長殿に「御異見」（諫言）を申し上げ、それでも興長殿が「御同心」なければ、忠興様にその旨を言上し、自分たちは興長殿の忠興様に対する「御逆意」には決して「一味」せず、忠興様の命令次第にする覚悟だ。

興長は、一三年後の元和十年正月に忠利に提出するのと同様な起請文を、すでに自分自身が家老職を継承する時点で、松井家中の侍衆から突き付けられていたのだった。興長は、忠興に対してあるべき奉公を続ける限りにおいて、松井家当主すなわち細川家主席家老としての地位を松井家中の侍衆から委任されえたのであった。

五〇〇もの知行取の家々によって構成される、より大きな家組織。それが忠利が家督相続した時代の細川家であり、その構造的特質は他のあらゆる大名家にも共通するものであった。知行取家臣の当主は、大名家の政治的再生産に資する奉公を続ける限りで、その地位を臣下の侍たちから委任・保障された。そして細川家当主の忠利自身も、細川家全体の存続繁栄に寄与する働きを続ける限りにおいて、その地位と権限行使を家老衆から委任・保障されていたのである。江戸初期から頻発する御家騒動《おいえそうどう》（福田千鶴『幕藩制的秩序と御家騒動』）や、また暗君を家臣団合意の上で強制的に廃位せしむる「主君押し込め」（笠谷和比古『近世武家社会の政治構造』）の背後にあったのは、下からの委任の連鎖ともいうべき大名家内の緊張に満ちた政治構造であった。

やがてこうした構造が純化し、武士たちの奉公の対象としての「御国家」が、主君の人格から自立したものとして定置されることになるのである（本書二一九頁）。

しかし、小倉藩細川家の内部にありながらも、このような政治構造に包摂されない権力と空間が存在した。それが、忠利の家督相続とともに中津《なかつ》城に移った父三斎の隠居家と隠居領三万七〇〇〇石であった。

隠居三斎の中津御蔵納支配

大名家の家督相続には大きく分けて二つの形態があった。一つは当主の死去によって後継者に家督が相続されるケース、もう一つが当主の隠居によって家督が継承されるケースだ。後者の場合には、隠居が本家とは別に隠居家を立て、それを庶子に独自相続させようとするのが、江戸時代初期までは一般的だった。天正十年（一五八二）、「本能寺の変」に際して、丹後《たんご》宮津城主だった細川家初代の藤孝は、家督を忠興に譲り、みずからは幽斎玄《げん》旨《し》と称して丹後田辺《たなべ》（現舞鶴市）に隠居し、田辺城を居城として隠居領を支配し、それを寵愛する末子の孝之《たかゆき》に相続させた（二一頁の図2参照）。同様に元和七年（一六二一）、隠居して三斎宗立と号した忠興は、中津城を居城として隠居家の御蔵納《おくらのう》三万七〇〇〇石を領したのだった。宮崎克則『大名権力と走り者の研究』を参考に、三斎による中津御蔵納支配の特質について見てみよう。

第一に、中津御蔵納三万七〇〇〇石は、無役であった。あらゆる大名家は、それぞれの領知高に応じて幕府＝公儀に対する普請役を務めねばならず、重い負担となっていた。のちの寛永五年十二月、江戸城石垣の公儀《こうぎ》普請《ふしん》役について、三斎は書状でもって忠利に次のように述べていた（細三―七一九）。

来年、伊豆から江戸へ石垣普請用の石を船に積んで運搬するよう、幕府から通達が出

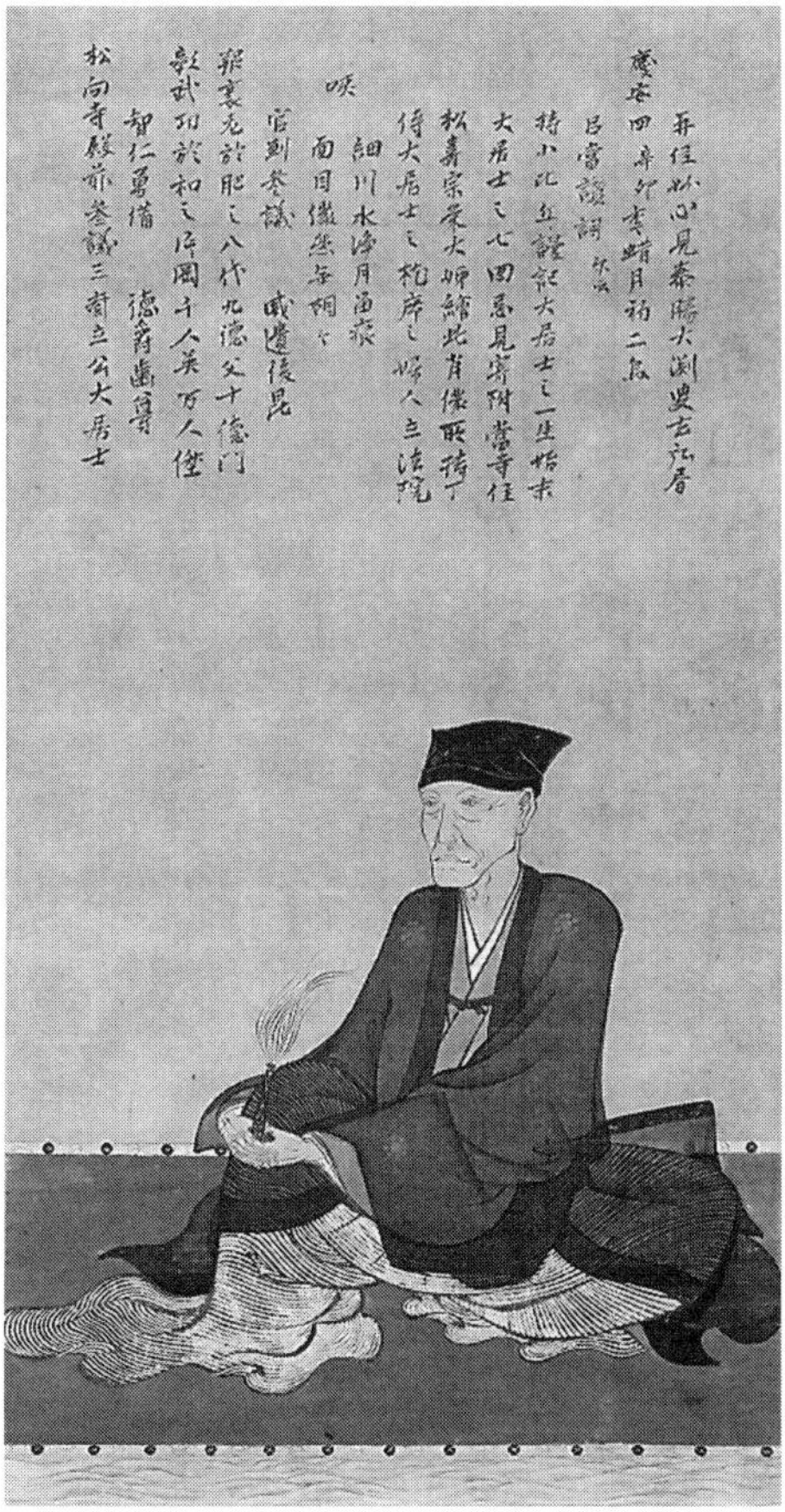

図10　細川三斎像（公益財団法人永青文庫蔵）

た。幕府の奉行衆からおまえに届いた触状には、私の「蔵納之船」も動員するよう記されている。私が「無役」で将軍から認められた蔵納三万七〇〇〇石の分は、今まで一度たりとも公儀の役を務めたことはない。今度の船役を務める特段の理由もないので、その旨了解してほしい。

第二に、三斎は丸取りした中津御蔵納年貢や小物成《こものなり》（各種租税）をもとに家政を運営したが、その統括者として「中津奉行」と呼ばれる役職を設けていた。魚住伝左衛門、長船《おさふね》十左衛門、間《はざま》七太夫、続《つづき》少介の四人で、彼らはいずれも忠興代の末期に小倉で惣奉行《そうぶぎょう》職にあった者たちであった。三斎隠居家の財政は無役ゆえ潤沢で、早くも元和八年には米数千石を利子四割ないし五割で、それに一〇貫目の丁銀《ちょうぎん》を利子二割で小倉本藩に貸与していたほどであった（「仲津江」一〇・一一・二九甲）。

第三に、中津御蔵納の領域は小倉本藩（忠利）の統治権が及ばない特殊領域であった。すでに述べた元和八年の忠利による人畜改帳《にんちくあらためちょう》作成に際して、忠利は江戸から小倉の惣奉行衆に次のように書き送っている（三十三印二一六）。

国中惣人畜之惣目録越候……三斎様御蔵納分之人畜ニ付ハ、不得御意候へハ不成由中津奉行共申ニ付、除置候由得其意候……此度之もくろくノ仕様見事ニ候、かんし入候、

忠利は小倉の惣奉行衆が報告してきた人畜改帳の出来栄えに満足だ、感心したと言いな

がら、「三斎様御蔵納分」の調査については三斎の同意（「御意」）が得られない限り実施不可能だという中津奉行からの申し出を受け入れざるをえなかったのだった。当然、現存する人畜改帳にも中津御蔵納分は登録されていないから、その存在形態は私たちにも把握しがたい。ただ、現存史料中の断片的な記述からみて、その領域は下毛《しもげ》郡にある中津城周辺にまとまっていたのではなく、下毛郡、上毛《こうげ》郡、築城《ついき》郡、国東《くにさき》郡、規矩《きく》郡等に分散して存在していたことは確かだ。

小倉本藩からの統治行為を拒絶する三斎の姿勢は、裁判権にも及んだ。元和十年、惣奉行から郡《こおり》奉行にいたるまでの人事を決裁した忠利は、百姓レベルの紛争が訴訟になった場合に、惣庄屋《そうじょうや》、郡奉行、小倉の奉行所、そして年寄中合議において取り扱う原則（本書六五頁）を確認した上で、郡奉行衆に次のように指示していた（「諸奉行帳」文・下・補四・一）。

但《ただし》、三斎様御蔵納者、被　仰出候通可相守事、

中津御蔵納は例外だ。そこでの紛争解決にかかる統治権限は「三斎様」に帰属するので手出ししてはならない、というのである。小倉側から見れば、中津御蔵納の三斎家政機関による統治は、いわば他国並みの独立性を有するものであった。

第四が、中津の三斎に奉公する給人集団「中津衆」の存在である。その規模は忠利家督相続期の「豊前国中津附御侍帳」（一二・一一・六九）によると一三三名、その知行高合計

は四万二〇〇〇石余に達した。すでに三斎は忠利の家督相続直前にあたる元和七年六月十七日、家老の松井興長と側近の魚住伝左衛門を通じて、「中津廻知行替之事」、すなわち中津衆の知行地を中津城周囲に設定するべく調整するよう、忠利に申し入れていた（細川一―二八六）。このように、中津衆に知行等を宛行うのは、当主の忠利であった。しかし、中津衆個人に給人地を渡す際に交付される正式文書（知行目録）には三斎が捺印し、中津衆に対する中津での奉行職登用などの人事権は三斎が握っていた。中津衆は、細川家にかかってくる公儀普請役等は果たさねばならないが、当主時代に三斎の側近として覚えめでたかった者の中から「御隠居之御供」として選抜された侍たちであったので、三斎の参勤への御供等も務めねばならなかった。

このように、中津衆の存在形態の特質は、三斎隠居家と小倉本藩への両属性にあったが、人格的従属度は三斎とのそれが格段に強かった。

忠興から忠利への文書の不継承

第五は、忠興代から忠利代への文書・記録類の不継承である。三斎は元和七年（一六二一）六月に小倉城を忠利に明け渡すに際して、自分の代の惣奉行衆とともに、文書・記録類のすべてを隠居所となった中津へと引き上げてしまったのだ（吉村豊雄『近世大名家の権力と領主経済』）。その後、これらの文書は三斎隠居家の後身である肥後宇《う》土《と》細川家に継承されたとみられる。こうして、忠興代の文書や記録は、ついに廃藩置県まで熊本の細川本家（肥後細川家および藩庁）に帰属することはなかった。永青文庫（細川家）に伝来した忠興代の文書は、本書でも引用した、家督相続前の忠利らに宛てた書状等ごくわずかである。

なお、藤孝（幽斎）の関係史料も、幽斎の隠居家を京都で相続した末子の孝之（休斎）の手元に留め置かれていた。しかしこれらは、幕府が『寛永諸家系図伝』の編纂を企図するに際して、時の当主・忠利の努力で熊本に提出されて系図編纂に活用され、そのまま永青文庫に伝来することになったのだった。一ヵ所に現存するものとしては抜群の五九点を誇る信長発給文書等が、それである（稲葉継陽「細川家伝来の織田信長文書」）。

それにしても、元和六年の忠興から忠利への代替りに際して、幕藩関係文書や藩政文書は忠利に継承されなかった。それを〃白紙の状態で〃代替りさせ、忠利の専制的な権力を創出しようとする忠興の政治的意図によるものとみる向きもある。だが、筆者は次のように考える。

「忠臣は二君にまみえず」との諺《ことわざ》があるように、戦国時代までは、当主と従者との関係は一代限りのものと考える中世的な主従制観が支配的であった。戦場で一人でも多くの家臣に「この主君となら死ねる」と思わせることができるカリスマ性が、権力の源となる時代だった。忠興こそ、この世代の殿様の代表格だ。こうした時代には、文書記録の活用や奉行スタッフの活動も、その主君一代の限定性を持ったのだろう。しかしすでにみたように、「天下泰平《てんかたいへい》」の時代の武士たちは、自分たちが形づくる「御家」の永続を最高の価値とする組織原理のもとで奉公に励んだ。細川家でも、忠利以降の文書・記録は藩主の代替りを超えて蓄積活用されるようになった。後述するように、奉行スタッフをはじめとする家臣たちも、特定の主君にではなく「御家」の組織に奉公するという意識を強めていったのだ。

忠興代文書群の不継承と忠利代以降の膨大な蓄積という事実は、戦国時代から江戸時代への武家社会秩序の大きな転換を反映している。

三斎の戦国型自己主張

三斎と中津衆は、三斎の無役御蔵納からの潤沢な年貢収入を背景に主従関係で結ばれ、小倉藩細川家内の半独立的な家権力を構成していた。しかし、忠利と小倉本藩の家老衆・奉行衆は、隠居家に代表される家産制的な特権を殺いでいかねば、村と手永《てなが》を基礎とした全藩領平均の統治体制を構築することは不可能になる。ここに、両者の対立構造が必然化される。

三斎による御蔵納と中津衆に対するまるで独立大名家のような支配権行使は、忠利にとってもじつに厄介だった。

国中へ　三斎様御蔵納・同給人方をのけ、手前之蔵納・給人中へ、百姓壱人ニ付三尺

縄の薪二しめ三しめの間かけ候てハいか丶可在之候哉、（叢書一四号）

これは元和九年（一六二三）正月、参勤中の忠利が小倉の惣奉行に宛てた達書《たつしがき》からの引用だ。薪の大量調達を企図した忠利は、「国中」の百姓に薪を賦課《ふか》したらどうかと惣奉行に提案しているが、「三斎様蔵納・同給人方」を除く、自分の蔵入地と給人地に限定した薪賦課に止《とど》めざるをえなかったのだった。国持大名細川家が支配する「国中」にありながらも忠利の統治権に対して特権的な三斎隠居家権力の存在は、まさに細川家の獅子身中の虫であった。

元和十年正月の地域行政改革（本書七五頁以下）への取り組みを終えて参勤した忠利が、同年四月末以降に小倉惣奉行に出した一連の達書には、郡奉行人事について混乱を極めた記述が散見される。この地域行政改革の目玉として惣庄屋制の再構築に取り組んだ忠利は、同時に、全奉行一九八名の新人事を決裁して、三月上旬に参勤に出立した。奉行人事のうちでも各郡奉行のそれは、特に重要だったはずだ。しかし、四月二十九日付の惣奉行宛て達書（叢書四三号）によれば、この新人事は忠利が国を離れて早々に、三斎から横やりを入れられていたことが分かる。

田中猪兵衛・加藤新兵衛かたより野間次左衛門（宇佐郡奉行）替之事申越候、上田忠左衛門尉を当分
宇佐郡へ可遣候、又浅見五兵衛（築城・上毛郡代官）・吉田茂左衛門（築城・上毛郡奉行）も　三斎様御前悪由、何も余郡之奉

行・代官ニ入替可申候、浅見五兵衛儀　三斎様御意ニ違候儀者在之間敷と思事候、様子書付重而可申越候事、

小倉の知行方奉行田中・加藤から忠利への連絡によると、宇佐郡奉行に任命されたばかりの野間次左衛門は更迭、上田忠左衛門尉に替えられている。その理由は野間が「三斎様御前悪」、すなわち三斎との人格的関係が悪いことにあった。さらに、築城・上毛郡で御蔵納代官を務める浅見五兵衛と同郡奉行の吉田茂左衛門も、同様の理由で異動が検討されている。また、忠利は同年の五月八日付の惣奉行衆宛て達書（叢書四四号）で次のように述べる。

一、築城・上毛代官庄村五郎右衛門・浅見五兵衛、三斎様之御前へ不出之由、何たる儀にて候哉、田川代官与取替候由、御近所ニ居候間尤候事、

一、惣別庄屋・代官ニ至迄中津へ不参者、知候ハて不叶事候間、書付可越候事、

築城郡・上毛郡の御蔵納代官である庄村と浅見は、三斎様の「御前」に挨拶にも出ていないとのこと。これはいったいどういうことか。こう怒った忠利は、中津城の近所である築城・上毛郡の代官を二人に続けさせるべきではなく、遠い田川郡の代官に転任させるとする人事案を了承している。さらに、惣庄屋や御蔵納代官のうちで、中津に新任の礼に参上していない者の名を書き立てて送るよう、惣奉行に指示しているのだ。

さらに、前出の四月二十九日付の達書（叢書四三号）では、惣庄屋についてこう述べている。

郡々ニ　三斎様御前悪惣庄屋共有之者、書付可越候、今度知行遣候庄屋共之内ニも御前悪もの有之者、書付可越候、今度知行遣候庄屋共之内ニも御前悪もの在之者、御前損候様子迄　具《つぶさに》　書付可越候、

各郡の惣庄屋のうちで三斎様の「御前悪」しき者がいれば、リストを作成して送付せよ。今年の正月に自分が知行を遣わした惣庄屋のうちにも三斎様との関係が悪い者がいれば、やはりリストを送ってくれ。特に自分が知行を遣わした惣庄屋については、三斎様に憎まれることになった経緯を書類で具体的に報告せよ。忠利は惣奉行衆にこう指示して、みずからが代替り徳政の決定打とした惣庄屋人事への三斎からの反応に異常なほど神経をとがらせていた。

前述のように三斎御蔵納は領内のすべての郡に散在し、中津衆の給地は中津城があった下毛郡や上毛郡に多く、また隣の築城郡には三斎の鷹場《たかば》が設定されていた（細二―四〇四など）。各郡奉行・代官それに惣庄屋は、これらを忠利御蔵納や小倉衆の給人地と同様に地域行政機構の中に取り込むべく職務を執行するわけだが、そのとき、三斎の「御前悪しき」者や、三斎に新任の御礼に参上できない理由を抱えた者は、たとえ忠利から能力と業

績を高く評価された役人であっても、三斎との関係で職務に支障をきたすことが心配されたのであった。役人任用に際して能力・業績よりも自身との人格的関係を優越させる三斎。彼のいわば戦国型の自己主張が、隠居領と中津衆給人地とを忠利の小倉藩政に容易には包摂させない要因になっていた。

小倉・中津の対立は深刻

実際に三斎は、役人の人事から職務執行のあり方への意見、さらに本藩から隠居家へのさまざまな利益供与にいたるまで、「御用」と称した要求を小倉にねじ込んでいた。次に示すのは寛永元年（一六二四）五月、忠利が中津奉行の三人に直接出した書状（叢書四五号）の本文だが、そこまで言うか、という文言に埋め尽くされた珍しい文書だというほかない。

従　三斎様御用とて奉行共又町奉行かたへも可被申越候、其儀ニ付而申候、我等用共申遣候へ共、事多故跡先ニ仕、其上無念千万なる儀多候而、堪忍も難成事候へとも、先《まず》一日〳〵と堪忍申候、従中津之御用直ニ被申越候ハヽ、事ニより中々御意ニ入候様ニ可仕もの共にて無之候、然時ハ其身ハ兎もかく我等まで迷惑申候間、兎角民部（小笠原長元）・八郎左衛門（村上景広）尉ニせめて相尋、両人まかせニ可仕之由、罷上候刻も此度も堅申遣候、民部・八郎左衛門ハ少御勝手をも存儀候間、右両人へ御用申遣候ハヽ、それ〳〵ニ可申付候間、可被得其意候、為其如此候、謹言、あなたがた中津奉行衆は、「三斎様御用」と称して、小倉の惣奉行衆や町奉行方へもさまざまな要求を伝えてくるだろう。この点について言いたいことがある。自分が小倉の奉行衆に職務執行を命じても、中津からの要求に忙殺されて先延ばしになる。そればかりか、中津から名誉を侵される事案も多く（「無念千万なる儀多候」）、我慢も限界に近づいているが、今日一日、そしてまた一日と「堪忍」を重ねているのだ。中津隠居家の「御用」をこちらに直接申し入れてきても、事案によってはなかなか三斎を満足させるように対応できるものではない。そうなると、奉行たちだけではなく、当主である私自身までもが「迷惑」をこうむることになる。これからは、家老の小笠原民部《みんぶ》と重臣の村上八郎左衛門を中津対応の専属にする。この二人なら中津の勝手を少しは心得ているから、中津の御用は両名に申し入れられたい。

忠利のフラストレーションが伝わってくるような文面だ。忠利は同日付で小倉惣奉行に宛てた達書（叢書四四号）では、こう述べていた。

中津から御用をねじ込んでくるのには、小笠原民部と村上八郎左衛門に確認してから請負うように。惣奉行衆三人の独断は厳禁だ。急ぎの手続き的な御用等は三人として請けるのも仕方ないが、それもその日のうちに民部のところへ報告し、請負いの公式文書は民部の責任で作成・発給すること。

小笠原民部は細川家と同じ室町幕臣の出で、父の小笠原少斎《しょうさい》は三斎夫人の玉（ガラシャ）のそば近くに仕え、玉の死に際して介錯《かいしゃく》した人物として知られる。忠利は、三斎と縁の深い民部らを中津担当にして、せめて惣奉行の業務から中津への対応業務を切り離したかったのだろう。だが、小倉と中津との間には、すでにきな臭さが漂っていた。翌寛永二年の十二月、小笠原民部は主席家老の松井興長に起請文（叢書一八二号）を提出し、次のように誓うのだった。

自分について、三斎様から小倉の情報を中津に内々に伝達する「御横目《おんよこめ》」に任じられている、という噂（「取沙汰」）が立っている。忠利様の耳に入ってからでは遅いので、あえて申し上げる。たとえ三斎様からそのような命があっても、それを引き受けて忠利様をだまし、父子の間に紛争を起こさせるような後ろ暗いことをすれば、忠利様へは勿論のこと、「傍輩《ほうばい》」たちへも顔見せできるものではない。勿論、三斎様から横目を命じられた事実はなく、忠利様に内緒で三斎様に情報を漏らしたようなこともまったくない。

「中津御用」対応の担当者となったばかりに、小倉の家臣団内部には民部は三斎の〝スパイ〟だとの噂が立ち、それを晴らすために民部は主席家老に血判起請文を提出せねばならなかったのだ。小倉・中津間に非常に厳しい緊張関係があり、その渦中で小笠原のような家老クラスの重臣が忠利家臣としての立場を失いかねない状況に追い込まれていたのだから、事態は深刻であった。

さらに、軋轢《あつれき》は小倉藩政の運営の根幹部分にも及んでいた。三斎が中津に持ち去った藩政文書の問題である。元和八年（一六二二）は年間を通じて忠利が国元を留守にしており、小倉の惣奉行衆は中津奉行衆とのさまざまな交渉に大きな労力を割かれたようだ。この年の間に小倉惣奉行衆が中津奉行衆らに発した書状の控え一四六通分を一冊に綴じて保存したのが、永青文庫に伝わる「仲津江」（一〇・一一・二九甲）だ。四月二十七日付の惣奉行衆書状には、小倉から中津への次のような要求が見られる。

一書申入候、忠利様御蔵納去物成御算用相究申ニ付而、元和六年分之御算用帳無御座候て吟味不罷儀御座候間、元和六年分之本御免帳幷新地・永荒之御帳、借シ被中候様、荒見仁衛門方へ被仰付、則此者ニ可被下候、

惣奉行たちは言う。「忠利様御蔵納」の元和七年分の年貢等の決算作業（「去物成御算用」）をしようにも、その前年の元和六年分の「御算用帳」（収支決算帳簿）が小倉にないため、まったく仕事にならない。御蔵納の元和六年分の年貢率の本帳簿（「本御免帳」）、それに新開地の帳簿と荒地の帳簿を貸してくれるよう、あなたがた中津奉行から担当の荒見に指示し、この手紙を持参した使者に今すぐ渡してほしい。

忠利御蔵納は、元和六年までは当主だった三斎の御蔵納だった可能性が高い。その年貢等収取のための基本帳簿を根こそぎ隠居所に持ち去られたのでは、前年までの年貢徴収実績を知ることができないわけだから、小倉惣奉行としてはたまったものではない。しかも、小倉惣奉行からのこの申し入れは中津側に無視された。「仲津江」に収録されている五月二日付の書状で惣奉行らは、帳簿が送られて来ないのなら担当者を中津に送り込むしかない、と述べている。

また、三斎から忠利への借米《しゃくまい》・借銀《しゃくぎん》の整理業務のため、小倉の財政担当奉行らは中津に数ヵ月滞在して作業にあたらねばならなかったし、中津側は三斎御蔵納の年貢算用（勘定）のために郡奉行を中津城に呼び付けて拘束的業務にあたらせることもあったようで、元和八年には中津城に逗留を強いられた国東郡奉行が、小倉での年貢徴収関係の重要会議に不参する事態さえ生じていた（「仲津江」）。

大名家の支配領域の中にありながら、統治権行使の面でも主従制的支配の面でも、大名家の統制に容易には服さない自立的な権力、それが初期国持大名領内の隠居家であった。忠利・家老衆・惣奉行衆は、この構造的な問題に悩まされ続けることになる。じつにそれは、寛永九年（一六三二）の肥後《ひご》国替え後も、熊本・八代《やつしろ》間の対立として継続し、ついに御家騒動が危惧されるまでになっていくのである。

百姓・地域社会と忠利

百姓公訴権と郡奉行

元和十年（一六二四）正月の惣庄屋《そうじょうや》制改革によって、村共同体との厳密な契約関係を追求する地平に到達した忠利《ただとし》であったが、細川家の奉行組織において地域社会に直接相対するのは、家臣団中から任用されて郡ごとに置かれた郡《こおり》奉行たちであった。

元和十年、忠利は全奉行ポストの新人事を断行し、それを「諸奉行帳」（文・下・補四・一）にまとめたが、あわせて郡奉行の職務を一一ヵ条にわたって明示している。それらは、①郡中の年貢率（「免相《めんあい》」）決定実務、②村の百姓の生産・生活状況の把握と報告、灌漑《かんがい》用水路普請《ふしん》の統括、③手永《てなが》レベルで解決できなかった百姓らの紛争の扱いおよび奉行所（惣《そう》奉行《ぶぎょう》）への上申（ただし三斎御蔵納《さんさいおくらのう》を除く）、④郡中の巡検（「郡廻《ぐんまわり》」）、④忠利が設置する目安箱《めやすばこ》への郡中百姓出訴の奨励、以上四点に整理できる。手永の惣庄屋とともに、大名家と村共同体との契約関係の根幹をなす年貢率の決定や、百姓からの訴訟を取り扱う要職であった。

こうした郡奉行と百姓との関係を示す興味深い事例がある。寛永五年（一六二八）七月二十日、惣奉行の浅山修理《しゅり》・田中兵庫は、規矩《きく》郡奉行の財津《ざいつ》惣左衛門に次のような書状を送った（「御郡へ之文案」九・一八・二二・二）。

規矩郡御蔵納方の寛永四年分の「免」（年貢率）は貴殿が定めたものだ。ところが同郡曽根村の庄屋・百姓らが、不当に高い年貢率であるために年貢皆納できないとの訴状をたった今、提出してきた。この書状を読んだらすぐに、小倉《こくら》に出頭せよ。なお、昨年の免定めに関するすべての書類を持参すること。

郡奉行は年貢率決定の責任者である以上、その具体的数値をめぐって百姓から訴追される可能性があった。この惣奉行書状にあるように、その場合、郡奉行は紛争の当事者として関係書類持参の上で即座に小倉に出頭せねばならなかったのである。ところが、このとき財津は出頭を拒んだ。惣奉行は、三日後の書状で強い調子で財津に出頭を迫っている。庄屋・百姓からの訴訟提起につき小倉へ出頭の件、貴殿は「体調不良であり、しかも出頭には及ばない案件だ」との返事をよこした。だが、必ず出頭せよ。輿に乗ってでも、今すぐに出頭せよ。貴殿が小倉に出頭することは忠利様の御耳にも入れてある。考え違いは禁物だ。

近世初期の百姓らは、たとえ相手が大名権力の行政官であっても、生産者身分としての利益を守るためなら公然と訴訟を提起した。それは百姓の権利であり、忠利の目安箱設置もそれに対応したものであった。そして、大名家の奉行組織を支える職務規律も、中世以来の百姓の公訴権を前提にして成り立っていたのだ。

百姓の武器権と実力行使能力

百姓の権利は公訴権だけではない。寛永元年（一六二四）六月二日付の惣奉行衆宛て達書《たつしがき》（叢書四六号）で、忠利は国元にこんな指示を出していた。

規矩郡一郡ハ百性（姓）以下ニ刀・わきさし（脇指）指候へと可申付候事、

小倉城のある規矩郡については、百姓らに刀と脇指を指すこと、つまり帯刀《たいとう》を許可せよ、というのである。村役人などの特権層ではなく、一般の百姓の帯刀である。規矩郡百姓から帯刀許可の要求が出ていたのかどうか、関連史料が見出せず不明なのだが、事情は細川家国替え後の肥後《ひご》国でも同様であった。寛永十七年七月、忠利は肥後国内の「侍中」、「町中」、それに「百姓中」のそれぞれに対して身分法令（奢侈《しゃし》禁令）を公布し（叢書一七二号）、身分ごとの衣類や冠婚葬祭、それに武具の仕様について細かく規制を加えている。

そこで忠利は「平百姓」の刀・脇指の鞘《さや》・鍔《つば》・柄《つか》の装飾について、銀作り以上の仕様を禁じているのだが、帯刀そのものについては、何ら規制していない。藤木久志は、豊臣政権の刀狩令《かたながりれい》によって百姓が武装解除されたという近世百姓＝丸腰民衆説は事実に反することを明らかにしたが（藤木久志『刀狩り』）、それは忠利時代の豊前《ぶぜん》・肥後についても同様であった。

刀ばかりではない。寛永十年、肥後入国直後の細川家は、薩摩《さつま》との国境にあたる水俣《みなまた》村・津奈木《つなぎ》村・久木野《くぎの》村の庄屋・百姓が所持する鉄炮数を調査し、一五三挺《ちょう》を所有者名とともに帳簿に付けている（「芦北郡内水俣村鉄炮書上御帳」神雑一・六一・一二）。これはおそらく村庄屋からの指出《さしだし》に基づく数字だろうから、実際にはもっと多くの鉄炮が存在しただろう。ポスト戦国世代の百姓らは、武器権を否定されていたわけではない。武器の所有はむしろ一般的でさえあった。

さらに、この時期の百姓らは、みずからの村の秩序を実力で維持する主体でもあった。寛永五年五月、田川郡弁城《べんじょう》村（現福岡県田川郡福智町）の百姓六人が筑前《ちくぜん》から入り込んできた忍者二人を捕え、それが田川郡奉行から惣奉行へと報告されて、六人とも忠利から持高赦免や三年間諸役赦免などの「御褒美」を得ている（叢書八八号）。村の男衆はプロの密偵の身柄を集団で拘束することができるレベルの、共同体的な実力を備えていたのである。武器の所有もそれと関係するのはいうまでもない。また寛永二年十月には、忠利の鷹《たか》匠《じょう》が規矩郡到津《いとうづ》村で御鷹をつかっていたところ、百姓たちがまかり出て、忠利の意向で御鷹をつかっていることを示す「御印」の提示を要求している。鷹匠は御印を持っていなかったため、百姓らは惣奉行にこれを注進して確認を求め、報告を受けた忠利は、御印を持たせずに鷹場に遣わした事実を認めて、償いのため百姓らに銭一貫文を支給するよう指示している（叢書五九号）。百姓は村の山野領域を集団的実力を背景にして維持したのだった。

忠利や奉行衆が年貢・夫役《ぶやく》をめぐる契約の相手にせねばならなかったのは、実力を備えた百姓たちが構成する身分団体＝村共同体であった。領主団体である大名家と、百姓団体である村とが、暴力むき出しでぶつかり合ったのが戦国の「土一揆《つちいっき》」だ。時代を土一揆に逆戻りさせないためには、百姓公訴権の尊重が不可欠だった。

しかし百姓らの訴訟運動は、個別の村を大きく超えて、地域一揆的な広がりをみせていた。

田川郡一一ヵ村庄屋衆の目安

元和八年（一六二二）十月十三日、田川郡の忠利御蔵納のうち、松岡七左衛門と上野角左衛門が代官を務める一一ヵ村の庄屋たち四七名が、元和八年の年貢率をめぐって田川郡奉行と対立し、小倉の奉行衆に九ヵ条・二七〇〇字にも及ぶ長文の越訴状を提出した。いまその訴状と関係文書の合計二二通が、この時の細川家の訴訟担当者（「公事聞《くじきき》」）たちの手によって一括して写された冊子として伝来している（「立御耳ニ公事目安之写帳」一〇・二四・二六・三）。

訴訟提起者は、田川郡御蔵納として四組あるうちの中田川と呼ばれる地域にある、田川郡内有数の大村である伊田村（現福岡県田川市）を筆頭にした、彦山川《ひこさんがわ》流域に分布する一一ヵ村の庄屋たちであった。訴状の内容によれば、庄屋衆名義の訴状の背後には百姓らの要求が存在したことは明らかである。訴状の宛所となったのは、惣奉行の小篠《こしの》次太夫、仁保《にほ》太兵衛、浅山清右衛門、郡横目《こおりよこめ》の福田善右衛門、知行・財政担当奉行の田中猪兵衛、野田小左衛門ら、九名の奉行衆だ。庄屋たちは、元和七年の免定をめぐって田川郡奉行と決定的な対立にいたるまでの経緯を、次のように叙述している。

同年春、年貢率（「土免《どめん》」）定めのために庄屋・百姓が小倉へ召し出された際、田川郡全体の年貢率を去年並みに維持しながら、郡奉行・代官・惣庄屋とともに談合して、村々の年貢率（「当春御土免」）を不公平のないように決める（「ならし」）よう担当奉行から指示された。我々は小倉に長期逗留して、「ならしの御談合」に明け暮れたが不調で、農作業のため田川に帰った。ところが七月初めになって、郡奉行は村々の免は去年と同じ（「去免」）で請負うべき旨、四月一日付の請状を書くよう代官・庄屋・百姓衆に迫った。しかし我々は納得せずこれを拒否した。元和七年の年貢率は「かじげ村」（零落村）にとっては高すぎたので、内々に牛馬を売り、あるいは経営断絶して奉公に出て、やっとのことで年貢を納入したのだった。未納の百姓は投獄されるところだったが、御代官衆のとりなしで何とか皆納し、それでも潰れた百姓の跡には御代官衆の才覚で新百姓を仕立てた。その上、今年の作柄はきわめて悪いので、去年の年貢率で請負うことは不可能である。我々は、郡奉行・代官衆・惣庄屋の合意のもとでの郡中御蔵納の検見、すなわち作柄調査を要求した。しかし、郡奉行がこれを拒否して代官からの年貢催促が続いたので、百姓らも稲刈りを拒否し、収穫は滞った。我々は、あくまで去年の年貢率での請負いを拒否して、去年の年貢率の不公平を均せ、さもなければ直訴すると要求した。しかし郡奉行らは去年の年貢率よりわずか〇・四％下げると回答しただけだった。

郡奉行が示した回答に対して、庄屋たちは訴状中で次のように反駁《はんばく》している。原文を引用しよう。

中々十分之御ならしニ而百性（姓）たりニ成不申候、下田川麦蒔、大分之所を去年御免やすく被仰付、上田川麦蒔、又ハ田地悪敷所、去年大分高免ニ被仰懸ニ付、御百性かしけはて申候、殿様ニ被成御損を候へと申上ル儀ニ而ハ無御座候、郡中ニて御免不同御

座候間、村々御免書出シ申候而、百性のたゝすまい、田地、麦蒔御引合被成候而、有躰ニ被仰付可被下候事、

このようにわずかな譲歩では、百姓の経営の足しにもならない。「下田川麦蒔」（裏作麦の作付け地）は大半が去年の年貢率は低く、上田川の麦蒔や悪田地では逆に年貢率が高いという不公平があり、百姓らは零落しきってしまった（「かじけはて申候」）のだ。自分たちは殿様に御損をさせるのが目的ではない、郡中で地域ごと村ごとの年貢率の不同があるので、百姓の暮らし向き・生業（「百姓のたたずまい」）、耕地の状況、作付け内容、つまり実態に即して年貢率を定めるべきだと言っているのだ――これが庄屋、そして百姓らの要求の核心であった。「殿様に御損を成され候へと申上る儀にては御座なく候」という台詞も、要求の公的正当性を強調するレトリックとして印象深い。そして、庄屋・百姓らの要求は徹頭徹尾、現実の数値に基づくものであった。訴状では右の文章に続けて次のように述べる。

当郡御蔵納中、去年御免不同村書出シ中候、今任村《いまとうむら》御免四ツ五分七朱と、川崎村四ツ弐分と御引合候て可被下候、白土村《しらつち》御免四ツ六分五朱と、秋永村《あきなが》四ツ六分五朱、桑原《くわばら》村四ツ七分四朱、此三ヶ村ハ、金田村《かなだ》四ツ弐分弐朱四厘八毛八拂と御引合候而、田地、麦蒔、百性之たゝすまい御くらべ候て可被下候、……此分去免不同候所、大形存候分

書出シ申候、此外御免不同大分ニ御座候所ハ、御代官衆御存知ニ而御座候間、御吟味之上ニ而有躰ニ被　仰付可被下候事、

「今任村の村高に対する年貢率（「御免」）四五・七％と川崎村の年貢率四二・〇％とを直接比較して欲しい。白土村の四六・五％と秋永村の四六・五％、それに桑原村の四七・四％、この三ヵ村は金田村の四二・二四八八％と比較されたい。田地の質、裏作に麦を蒔いているかどうか、それに百姓の暮らし向きや生業を比較して、年貢率を個別具体的に調整するべきである」。庄屋らはこのように述べ、中略部分にも比較対象となる村の前年の年貢率を書き上げ、再調査（「御吟味」）に基づく再調整を強く要求している。

庄屋らは翌元和九年正月までの間に、本状を含めて五通の訴状を提出している。また、代官の松岡と上野は、トラブルの原因を作ったのは自分たちではなくて郡奉行の二人だとの立場から、上申書五通を提出している。これらに対して、田川郡奉行の山本次郎右衛門と向《むかい》四郎左衛門は、その都度、反論の上申書を提出せねばならなかった。また、当該地域の四人の惣庄屋たちは、元和七年の年貢率が非常に高く、元和八年が稀にみる不作だという庄屋・百姓の主張が事実である旨、惣奉行衆に文書で証言していた。

あくる元和九年正月二十六日、訴訟は「御老寄衆御相談」すなわち家老衆合議の案件とされ、年貢率の上がり過ぎた分の徴収は延期し、代官の上野・松岡が作成した年貢徴収簿

によって収納を実施するという案が提示され、代官衆と惣庄屋衆の請負い一筆が提出されている。郡奉行の二人にとっては屈辱的な結末であったが、庄屋・百姓だけでなく惣庄屋や御蔵納代官からの支持を失った以上、致し方のないことであった。ただし、伊田村以下一一ヵ村の庄屋・百姓らがこの調停案に同意したかどうかは史料上では不明である。

「天下泰平」基礎固めの唯一の方法

この一一ヵ村連合による訴訟運動の特質は以下のように把握できるだろう。

第一に、蔵入地支配の枠組みに対応したものではあるが、運動主体としての一一ヵ村連合＝地域社会が出現して訴状を作成・提出している点である。注目されるのは、元和九年正月十四日に田川郡奉行の二人が最後に提出した上申書で、「此出入申上ル故、余御代官所ノ御百性、万事ニうかれ居申由ニ御座候事」と述べていることだ。今回の訴訟が提起されたので、田川郡内の他の代官所の百姓たちがあらゆる面で落ち着かなくなっている、というのである。運動の一郡規模への拡大を懸念した発言だろう。

第二に、庄屋・百姓らは年貢等納入をめぐる契約の主体としての自覚を明確に持っており、不当な条件には決して納得しない。しかも、契約は各村の個別具体的な状況を踏まえて締結されるべきだと主張し、そのための調査を領主側に徹底要求している。中世社会以来の百姓身分の自立性に基づく運動が、大名権力を地域社会の基底部へと、ますます引き込んでいく。忠利と奉行衆は庄屋・百姓たちとのきわめて具体的かつ煩瑣な交渉を経た合意契約を、毎年繰り返し取り付ける必要があった。それが戦国の土一揆へと時代を逆戻りさせない、つまり「天下泰平」の基礎を確立するための唯一の方法であった。

さて、中田川一一ヵ村の訴訟一件に関する一連の文書は、「公事聞」と呼ばれる直訴担当奉行によって「立御耳ニ公事目安之写帳」と題した冊子に写し取られたものであった。「御耳に立てる」とは、担当奉行が忠利本人に報告するとの意味だ。御蔵納庄屋・百姓らの「自分たちは殿様に御損をさせるのが目的ではない」という物言いに接した忠利は、国づくりの基本課題に粘り強く取り組む〝覚悟〟を新にしたに違いない。それは、ポスト戦国世代の国主の宿命であった。

寛永の大旱魃と領国・家中

一進一退の地域立て直し

忠利《ただとし》たちによる豊前《ぶぜん》・豊後《ぶんご》での国づくりは、惣庄屋《そうじょうや》制改革の翌寛永二年（一六二五）のいくつかの史料で進捗が窺われる。忠利は在国中の同年七月に奉行衆に向けた一二ヵ条の達書《たつしがき》（叢書五四号）を発して、百姓支配の根幹にかかる指示を出している。寛永二年の「地免」すなわち年貢率は元和七年（一六二一）のそれと同じにした上で、日損《にっそん》・水損《すいそん》の検見《けみ》引きをすること。それまで複数種類使用されていた年貢収納枡《ます》を「町舛」（小倉《こくら》商人使用の枡）に統一すること。それに、郡《こおり》奉行らが百姓を動員する夫役《ぶやく》を年間二度合せて三〇日以内に限定すること。こうして、田川郡の庄屋・百姓たちに批判された作柄実態軽視の年貢徴収を克服しようとするなど、年貢・夫役徴収に関する村々との合意契約の条件を、より厳密化・具体化している。さらに、在地の状況を実際に見聞して回る役職である「郡横目《こおりよこめ》」が、村役人・代官任用のあり方、疲弊村の立て直し（「村直」）のための米貸与など具体的な政策を提言し、それを忠利が裁可するというシステムも機能しており（叢書五五号）、家督相続以来の忠利の藩政構築は、順調に進展しつつあった。

しかし、領内各郡にひろく見られた百姓経営の危機的な状況が、簡単に克服できたわけではない。翌寛永三年春、下田川郡奉行の林与兵衛と吉田茂左衛門は、管轄地域の「惣作」の経営状況について上申書を提出している（叢書六四号）。惣作とは、百姓の経営断絶によって生じた無主《むしゅ》田地の増加に対応するために、惣庄屋が作人を募って作付けさせる耕地のことだ。下田川郡では給人地《きゅうにんち》での無主地発生が大きな問題となっていた。経営断絶の理由には百姓の他所への移住（「走り」）が多い。年貢納入を滞らせた末に移住してしまった走り百姓の場合、年貢未納分に利子が付いた分を催促されるため、簡単には元の給人地に戻れない。新百姓を仕立てようにも、思ったようにいかない。郡奉行の二人はこう述べて、上申書の最後に、「無主田地年々ニ惣作かさミ申候間、御郡中之御百性（姓）ゆく〱ハ迷惑可仕かと奉存候事」と述べている。無主田地の増加によって惣作が郡中百姓の重い負担になりつつある。このままでは惣作負担が百姓らの「迷惑」、つまり経営圧迫の要因になりかねない、というのである。

興味深いのは、この上申に対して忠利が郡奉行に「成次第ニあらし《（荒）》可申候」と指示していることだ。百姓経営をこれ以上圧迫するくらいなら、荒地が増えてもかまわない。深刻な領国の状況に直面する忠利にとって、究極的な選択だったに違いない。

寛永三年旱魃への対応

忠利は、寛永三年（一六二六）五月朔日付で惣奉行浅山清右衛門・田中与左衛門、財政担当野田小左衛門らによる精鋭の奉行新体制をスタートさせ（本書三七頁）、留守中の奉行体制を確認し、将軍上洛に供奉《ぐぶ》するため出国した。だが、その直後から史上最大規模の旱魃《かんばつ》被害の状況が明確になっていく（叢書六九〜七七号）。

七月半ばの時点での忠利の認識は、「か様之儀ハ五十年百年ニも無之候」（叢書七〇号）という深刻さで、将軍家光《いえみつ》・大御所秀忠《ひでただ》からは、西日本一帯の被害状況の視察のために横目衆が派遣されようとしていた（叢書七三号）。七月十六日付の惣奉行宛て達書で忠利は、「大勢検見を出、納様ニ可申付候」（叢書七〇号）と書いて、大規模な日損＝旱魃被害の調査による年貢軽減査定を実施するよう指示した。

国元では七月後半から、郡ごとに日損内検奉行を任命して被害状況を調査していた。たとえば「田川郡御内検奉行」に任じられた山川惣右衛門・財津惣左衛門は、七月二十二日から内検に取りかかり、十月二十二日に完了している（叢書七八号）。元和九年の中田川一一ヵ村訴訟では、郡奉行が作柄調査に消極的で、実態と乖離《かいり》した年貢請負い額を押し付けようとしたことが村々から強い批判を浴びたわけだが、郡奉行とは別の専属の奉行が三ヵ月間をかけた寛永三年の内検は、危機的な旱魃と百姓からの要求への積極的対応であった。内検の結果は惣奉行の所管で「日損改之帳」にまとめられ、忠利のもとにも報告された（叢書七六号）。

内検作業と並行して、百姓の飢饉状況に対処するための米穀の支給も実施された。将軍らの上洛に供奉していた忠利が八月四日に惣奉行らに発した達書（叢書七一号）は、次のように述べる。

　百姓ニかつゑ（飢）候可在之候、頓而小左衛門（野田）可下候、其時具《つぶさ》ニ可申候、郡米を以かつゑざる様ニ分別可仕候、多キ人数にて候間、米を麦ニかへ、或ハなにのざこく（雑穀）にても多クしてあてかひ候分別肝要候、

この日損では飢えた百姓も出てくるだろう。財政担当奉行の野田がもうじき小倉に到着して詳細を指示するが、「郡米」（各郡内の御蔵にプールされている米か）を活用して飢饉対応の措置をとることが重要だ。多くの百姓に支給する必要が生じて米では分量が不足するだろうから、麦・雑穀に替えて分量を多くして支給せよ。忠利はおそらく上方商人らとの交渉のために京都に来ていた財政担当奉行の野田小左衛門の意見をいれて、惣奉行に百姓

救済の方針を指示しているのである。

給人にも年貢をすべては収納させず、百姓に預けるなどの措置をとらせ、その状況を中津衆も含めた一人一人の給人から文書で提出させて管理するよう惣奉行に指示し（叢書八〇号）、日損所の百姓には翌年の種子米を貸与した（叢書八二号）。忠利が小倉に戻るのは十月十六日である。この間の日損対策の一切の実務を国元で統括したのは、惣奉行の浅山・田中と財政担当奉行の野田、それに知行《ちぎょう》方《かた》并《ならびに》小物成《こものなり》奉行の加藤新兵衛・栗野伝介らであった（叢書七五・七七号）。ただし、三斎《さんさい》御蔵納《おくらのう》での百姓らの救済は、三斎によって行われていた（細二―五二二）。

百姓救済にかける政治姿勢

このように、危機的旱魃に際して小倉藩細川家は、惣奉行・内検奉行・財政担当奉行による藩領一円の作柄評価・収納、そして百姓救済体制を指向し、それは当主留守中の領国において一定の成果をあげたものと推察される。あわせて、この機会に奉行組織の行政的力量がある程度発揮できた背景には、百姓救済にかける忠利の政治姿勢が存在したことも特記しておきたい。

手持ちの米を麦・雑穀に替えて百姓飢民に支給するなどの救済に取り組むよう指示した忠利だが、みずからの御蔵納も旱魃被害を受けている以上、救済の原資を調《ととの》えることができない状況が危ぶまれた。八月十八日付の達書（叢書七五号）で、忠利は惣奉行に次のように伝えている。

我等も当所務にて切米《きりまい》扶持方《ふちかた》も調《ととのい》かね可申候間、日やけの百姓・給人共かつゑさるやうの手たて成かね申候間、拝領之刀・脇差《わきざし》三斎様より御譲之数寄《すき》道具をはなし候て、国之人後年之つゞけを只今才覚半候事、

今年の年貢収入（「当所務」）では旱魃被害にあった百姓や給人を救済できない。かくなる上は、かつて将軍から拝領した刀剣や、三斎から譲り受けた「数寄道具」＝茶道具を手放してでも彼らの救済に充て、「国の人後年の続」、つまり百姓や家臣の再生産を維持していくための工面をしている最中だ、と宣言しているのである。忠利は、国持大名家という政治単位の主宰者として、家中と百姓の成り立ちのためには個人的利益を犠牲にするという姿勢を明確に示していた。

このとき忠利は、三斎から相続した茶道具を実際に売却している。茶入れ「中山肩衝《かたつき》」（図11）である（伊藤嘉章「流転する名物　中山肩衝」）。三斎所持の茶道具の中でも、この茶入れは細川家督が持つにふさわしい名品として忠利に譲られたが、寛永四年正月二十四日付の三斎の忠利宛て書状（細二―五二二）によれば、土井利勝《どいとしかつ》の仲介によって酒井忠勝《さかいただかつ》に売却された。高さ一一チセン、口径四チセンの茶入れが、なんと黄金一六〇〇枚で譲られたというから驚きだ。

図11　中山肩衝（唐物肩衝茶入　銘安国寺，五島美術館蔵）

忠利は有言実行であった。ここには、風雅・唐物《からもの》を追求する大名社交界の一員としての人格と、国支配の徳政を追求する明君としての人格とを分離し、後者をアイデンティティにしていく忠利の姿を、はっきりと見て取ることができる。忠利本人がこうした政治姿勢と人格を示しはじめたことが、奉行組織が十全に機能するためのバックボーンとなったのである。

危機対応による家中組織の緊密化

細川家臣＝給人の家の経営も、寛永初期の旱魃によって試練を迎える。すでに寛永二年（一六二五）には家老の小笠原民部《みんぶ》少輔《しょうゆう》が「身上罷り成ざる」状況に陥り、役儀半減された上で忠利から扶持方等を下され、さらに忠利が小笠原の上方借銀《かみがたしゃくぎん》の保証人になるなど、救済措置がとられていた（叢書一八二二号）。そして、寛永三年の夏には、日損で年貢収納困難となった中津衆らが、小倉に対して給人地の所替を望んでくる状況となり（叢書七〇号）、十一月には、年貢が一粒も取れずに飢餓に及んだ給人も出はじめていた（「日帳」『福岡県史 近世史料編細川小倉藩㈠』）。

忠利は、こうした寛永初期の旱魃・給人財政難に、当主と家臣との契約的関係をより明確化させることで対処した。具体策は、忠利から個々の家臣への救済的米銀の貸与条件の明確化だ。家臣には下々の奉公人を召し放させ、妻子のみを養うことで家を維持させるよう指示し（叢書七七号）、米銀を貸与した。そのための条件について、忠利は惣奉行にこう述べている（叢書六七号）。

> 家中の者のうち、経営が成り立たず「役儀」を務めることが不可能だと申し出たい者がいるであろうが、知行の多い少ないにかかわらず、そのような者は、その年の「貸米」を受け取る以前に申し出ること。これを惣奉行として徹底させろ。これから三年間は公儀《こうぎ》の御普請《ごふしん》が続く。その「役儀」を務めない者もいるだろう。これも同様に、「貸米」を受け取る以前に申し出ろ。経営が成り立たない者の「役儀」を他の者が埋め合わせるわけにもいかない。「役儀」を務められない者は改替して新しい給人を立て、その者に申し付けろ。

これ以後、公儀普請の怠慢あるいは職務上の不正を行った家臣・奉行は取り潰し、さらに処刑の対象とする原則が、より厳格化されたとみられる。寛永五年十一月、大坂御普請をサボっていた旨を横目から忠利に報告された的場甚兵衛ら一五〇石取の家臣三人が家中から追放された。忠利は自筆で奉行中にこう指示している（叢書九二号）。

当代ハ御ふしん（普請）なくてハ御奉公可仕様なく候、家中ニかゝへおき候事不成候間、何方へも参候へと可申候、

「いまの時代は大坂城や江戸城の普請役の務めこそが公儀への御奉公である。それを果たせない者を家中に抱え置くわけにはいかない。どこへでも出て行けと伝えよ」。忠利の判断は明確だった。また寛永三年の十二月には、職務上の不正を問われた御蔵奉行の吉岡忠《ちゅう》右《え》衛門《もん》・坪井五郎太夫・藤田孫兵衛の三名を、忠利は「大盗人」と断罪し、徹底的な取り調べを命じていた（叢書九五号）。その結果、彼らは罪を白状し（「日帳」『福岡県史　近世史料編　細川小倉藩(一)』）、処刑されたとみられる。

一方で、右の条件をクリアした家臣には、日損で年貢等徴収が不可能な場合には忠利が無利子で金銀を貸与し、元本も分割返済あるいは返済免除するなどの扶助を加えた。特に役儀に邁進した家臣には、忠利から褒賞的な処遇もなされた。たとえば、寛永元年（一六二四）から「留主之役人改奉行」を務め、同三年には「屋方船方作事惣奉行」に異動した林弥《や》五《ご》右《え》衛門《もん》は、寛永二年九月十五日付で相役の河田八右衛門とともに「天主米」一〇石

を拝領している。これは小倉城の天守内部に籠城用に備蓄してある米で、その給与には褒賞としての意味もあった。このときは、忠利直々の指示で酒樽一つが添えられているほどで（叢書五七号）、最高の栄誉であった。おそらく奉行としての職務実績が高く評価されたのだろう。そして寛永五年九月、林は忠利からの借入米の返済をこれまた直々に完全免除されている（叢書八九号）。

明確化する「御家」の特質

のちの島原・天草一揆時に忠利は、討死の家臣には子息が幼くても家を存続させる原則で対処しながら（叢書一六四号）、しかし、たとえ討死しても奉公ぶりが良くなかったと判断すれば当該家臣の絶家を断行した（叢書一六六号）。このように、職務業績評価に基づく家臣の処遇の違いは明確であった。

忠利の決裁文書を見ると、個別家臣が親類訪問や湯治《とうじ》のために上申した御《お》暇《ひま》伺《うかがい》が散見される。申請者が同僚のうちから請人（保証人）を立て、御暇伺を惣奉行宛てに申請し忠利への披露を願うのだが、惣奉行から忠利に披露された現存の約八〇通では、例外なく申請許可されている（たとえば叢書八三・八四号）。おそらく、その根底にあるのは家中における当該家臣の職務実績評価だろう。この男は役儀に邁進してきた、という家臣団内の評価が定まった者に請人が付き、所定の様式の御暇願が作成され、惣奉行に提出される。こうした組織内評価を前提にして惣奉行から披露された申請を、忠利は否定できないのだ。

寛永期の細川家中には、家臣の義務としての役儀奉公と、当主の義務としての家臣の扶助とを基軸とした、当主と家臣との厳格な契約関係が確立していた。こうして細川家中＝「御家」は、当主を含む構成員の客観的な義務・権利関係によって成り立つ団体としての性格を明確化していくが、その起点を寛永初年の旱魃への対応にみることが可能であろう。

寛永期の異常気象と領国の混迷

しかし、寛永五年（一六二八）には宇佐郡で人売買が横行していたし（叢書九一号）、同じ頃、三斎御蔵納・忠利御蔵納・給人地の入り交じった一万石ほどの地域で、百姓一二〇人が死んだという（叢書一〇二号）。さらに、寛永八年にも激しい旱魃となった。同年六月二十六日付の忠利達書（叢書一〇五号）によれば、細川家老衆は旱魃に対処するため国元から大坂への米・雑穀の搬出を制限し、大坂にある細川家の米も現地の担当奉行の判断では売却せず、飢えに備えるため家老・奉行衆が国元から一元管理するという非常態勢をとっていた。

参勤中の忠利は、領国の厳しい事態に対処するため、一つ一つ指示を与えている。たとえば、同年の二月二十三日には、江戸から惣奉行にこう指示していた（叢書一〇七号）。

国中の百姓がダメージを受け（「草臥《くたびれ》」）ている。飢えている者もいるだろう。百姓の頼りが麦だけでは経営が成り立たないだろう。飢えないように、家老衆と惣奉行衆で対策を熟議せよ。百姓の食料を立て替えても、利息を付けてかえって百姓らを「迷惑」させてはならない。その地域の飢饉状況によっては、食料は貸与でなく給付するのが望ましい。

継続する旱魃に対処するには、地域社会の状況をすくい上げて迅速に政策を立案し実行する行政的能力が不可欠であった。それを担ったのが村庄屋・惣庄屋・郡奉行・惣奉行らであったわけだが、百姓と給人たちが継続的な旱魃から受けたダメージの回復は容易ではなく、そうした状況の下で、細川家は寛永九年の肥後への国替えを迎えることになる。

しかし、忠利らが肥後に入ってみると、そこには豊前・豊後以上の惨状が広がっていた。このことは次章で詳しく述べよう。

元和・寛永期の文書行政

公益財団法人永青文庫が所有し、熊本大学に寄託されている六万点にも及ぶ歴史資料や書籍のうちには、忠利代の各種の藩政史料が大量に含まれている。すでに本書では、元和・寛永期に小倉藩の運営上実際に使用された多くの史料を引用してきた。それらは相互に関連して作成されたもので、一つの体系をなしており、忠利期の奉行制・藩政機構そのものに対応しているのである。

藩政機構の核は、惣奉行衆が統括する小倉城の奉行所だ。ここには、村庄屋・惣庄屋・郡奉行レベルで解決に及ばない諸郡内の諸問題、たとえば窃盗・殺人等の犯罪、給人地百姓と給人との対立、郡奉行と村々との年貢収納等をめぐる対立が、また家中での紛争や個別家臣が引き起こした問題行為、家臣の人事案や処遇案、それに入牢人の最終処分案など、多くの案件が日々持ち込まれている。また、賓客の接待や贈答・返礼の実務等、対外的な問題も入ってくる。このような奉行所の厖大な業務案件について日次《ひなみ》で記録したのが、奉行所「日帳」「万覚書」だ。ほぼ寛永元年（一六二四）以降、江戸中期まで三〇〇冊もが現存しており、小倉・熊本藩政研究の基本史料となる。

さて、惣奉行たちは案件を基礎的な検討にかけた上で、それらを二方向に振り分ける。第一は、当該案件を管轄奉行の裁量権に帰属させ対処する方法、いわば惣奉行からその下の行政系統への執行委任である。このとき、惣奉行から管轄奉行への連絡と交渉は書状でもってなされるが、奉行所では書状作成時にその控えも同時に作成され、それらは簿冊の形態で蓄積されていった。永青文庫に伝来する「方々状控」「萬差紙控」「御郡奉行衆江状切手之控」「中津御奉行衆江遣書状控」「川尻・長崎江遣状案」「鶴崎へ遣状之控」「上方御奉行衆へ状之控」「京都江之文案」「江戸御奉行衆へ之書状写」といった史料群がそれである。

第二は、惣奉行衆・所管奉行のレベルで最終判断がつかない案件が生じた場合に、上部の意思決定機関に判断を委ねる方向である。

忠利が参勤等で不在の時期には、奉行所で開催される惣奉行衆・関係奉行衆に家老衆を交えた合議が、藩としての意思決定上重要な位置をしめた。その議事録が「相談帳」だ。現存する寛永元年、同四年、同七年の「相談帳」（一二・七・三）では、惣奉行衆や家老衆のほかに、賄方《まかないかた》・惣銀米奉行、知行方・小物成奉行、借米方・切米扶持方奉行、それに算用奉行らが出席し、議事録の文面に確認の捺印をしている。年貢米の一括販売や上方からの借銀、それに家臣団への米銀貸与といった、藩財政上の問題が多くこの合議にかけられて、対処法が決定されていることが分かる。

この合議でも判断がつかない案件、あるいは判断はついても忠利の了解を得る必要がある案件については、在江戸・京・大坂あるいは移動中の忠利に、惣奉行から書状でもって判断・了解が求められる。それら書状の控えを収録したのが、「上方江言上之控」「江戸江言上仕控」等の簿冊史料であり、惣奉行からの伺いに対する忠利からの返書である惣奉行衆宛て達書は、原本が五〇〇〇通以上も現存している。

忠利の在国期間中に奉行衆・家老衆合議を経た案件のうち、合議で忠利の判断を仰ぐべきだと決したもの、それに案件の性質上、文書上に忠利の決裁を得る必要があるものは、惣奉行から忠利に上申された。それら上申と忠利の判断・指示の内容は、「奉書」と題した簿冊に記録され、寛永二年から忠利死去までの期間を通じて現存している（一〇・七・三〜二〇）。裁可文書の方は、原本が「御印物」と題した巻子《かんす》に仕立てられ、忠利・光《みつ》尚《なお》・綱利《つなとし》の三代にわたり五七巻・約二〇〇〇通も現存している。忠利期の裁可文書群は、惣奉行からの上申文書に捺印や自筆書入れ等の方法によって忠利が決裁を施した文書群と、惣奉行からの口頭での上申を受けた忠利が作成した文書群とによって構成されているが、それらを通覧すると、忠利の裁可が絶対必要とされた案件の種類が分かる。それは、①家臣や奉公人への知行・扶持米・切米等の給与、②家臣への屋敷地の配分、③家臣からの御暇申請、④奉行・役人の人事、⑤入牢人の処刑・釈放、⑥小倉川口出女切手の発行、ほぼ以上の案件であった。

つまり、惣奉行から自動的に忠利に上申される案件は、ほぼ主従制と人事および刑事罰に関するそれに限定され、その他には奉行衆・家老衆の合議で必要と認められた案件のみが上申され、裁可が求められたのであった。これは、寛永三年に忠利が新任の惣奉行浅山・田中に示した職務規定の原則（本書四〇頁）とも合致する。

以上のシステムによって判断された諸案件は、惣奉行を頂点とする奉行組織を通じて現場におろされ、わけても地域社会に関する案件は惣庄屋にまで下達されて、在地で執行された。

このように忠利代の細川家藩政史料群は、惣奉行衆を総帥とした行政機構の機能と、奉行衆・家老衆合議、そして藩主忠利の裁可が組み合わされた、藩政の意思決定・執行システムの機能実態を示している。相互に関連するこれら史料群から抽出できる情報量は厖大で、筆者もその全体を把握・整理できているわけではない。その意味で本書の叙述は、「ポスト戦国世代の国づくり」のあり方を理解するための、あくまで第一歩なのだ。

肥後熊本での実践

統治者としての成熟

熊本への転封と地域復興

加藤家から細川家への引継ぎ文書

旱魃《かんばつ》被害もいまだ癒えぬ寛永八年（一六三一）、江戸にいた細川忠《ただ》利《とし》が三斎《さんさい》に送った書状によると、六月頃から大御所秀忠《ひでただ》の体調は思わしくなく、八月に入ると、熊本藩主加藤忠広《かとうただひろ》の「気違」「日々夜々酒もり」（細川一〇—四四〇）といった、尋常ではない行状が伝えられるようになる。秀忠はあくる寛永九年正月に死去し、名実ともに代替りとなった家光《いえみつ》政権のもとで肥後《ひご》加藤家は改易《かいえき》、跡には小倉《こくら》から細川家が移封《いほう》されることになった。寛永九年十月四日に江戸にて肥後への国替を命じられた忠利は、同年十二月九日、すでに幕府上使衆《じょうししゅう》の管理下にあった熊本城と肥後五四万石の領国を受け取った。

当時、幕府が開示した加藤家の改易理由は、忠広の子息光広《みつひろ》が幕府転覆の密書を発給したというものであった（笠谷和比古『近世武家社会の政治構造』）。それは忠利・忠興《ただおき》の書状中にも明確に述べられている。だが、この理由だけではあまりに唐突な感が否めない。光広の悪戯だという説も現実味がない。戯言としては度が過ぎるからだ。よくいわれるのは、豊臣恩顧の大名を根絶やしにしようという幕府の陰謀説だが、あまりに巷談じみている。幕府から開示された理由とは別に、寛永期加藤家の権力そのものに、根本的で克服困難な問題が生じており、幕府は加藤家に見切りをつけざるをえなかったのではないか。忠利より一五歳も若く、まだ三〇代前半だった忠広が酒乱狂気におぼれる姿は、そのことを暗示しているように思われる。

加藤家の藩政史料は散逸しているのだが、ここに、熊本大学永青文庫研究センターによる永青文庫細川家文書の目録作成の過程で見出された貴重な一通がある。改易当時の加藤家の藩政の状況を伝えた唯一無二の文書なので、図12とともに全文を引用しておこう。

（端裏書《はしうらがき》・忠利自筆）「肥後先代ノしおきノ覚」

覚

①一、先代之蔵納《くらのう》幷給人地《きゅうにんち》、村ニより無理之年貢を申かけられ、百姓妻子之儀者不及申、身をうり家をたへし申たる村多々御座候、さやうの村ハ隣郷より入作に仕候故、物成も以外安ク御座候事、

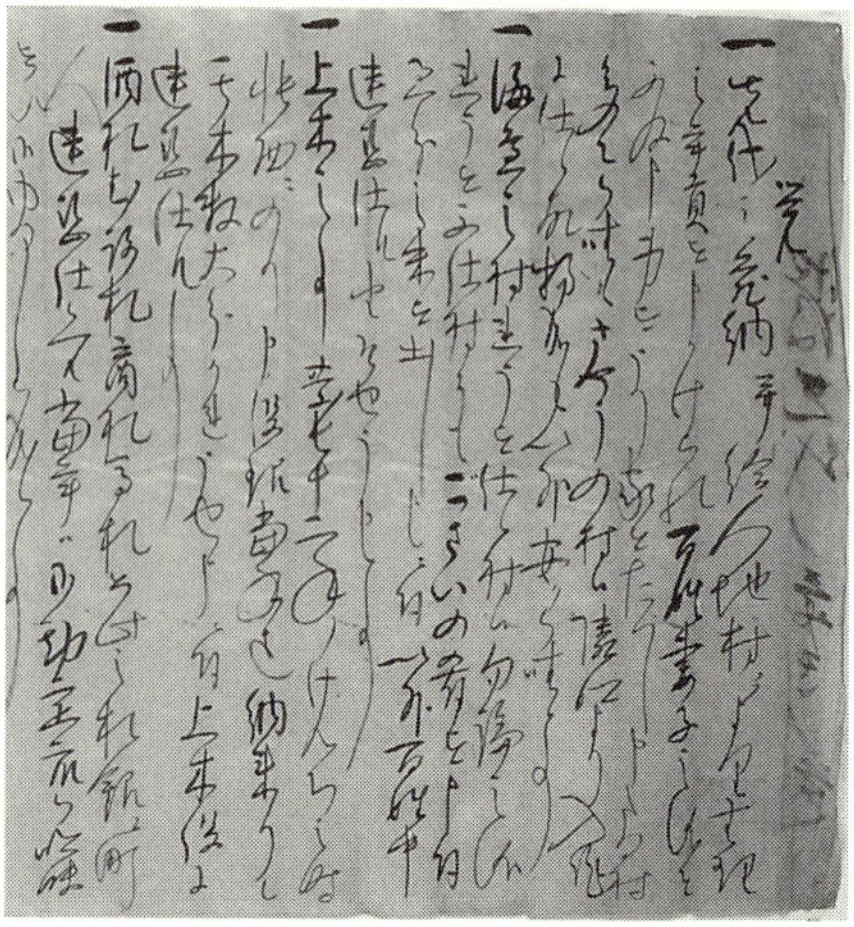

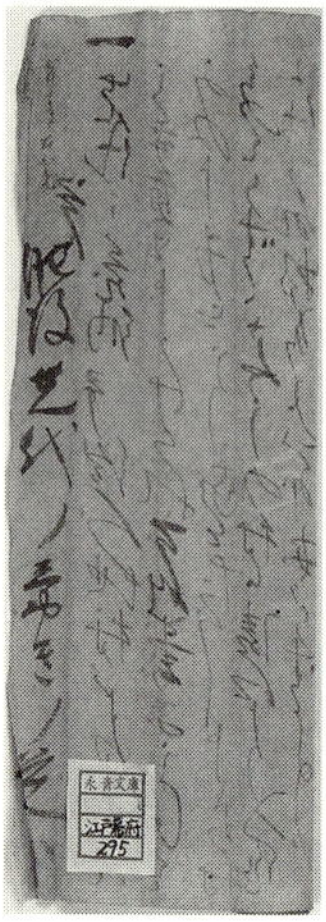

は端裏書）（公益財団法人永青文庫蔵，熊本大学附属図書館寄託）

②一、海辺之村、れう（漁）を仕候村ハ勿論之儀、れうを不仕村にも、ごさい（御菜）の肴を申付、過分之米を出し申候ニ付、以外百姓中迷惑仕ル由、そせう（訴訟）申候事、

③一、上木之事、慶長十二年ノけんち（検地）之時、帳面ニのり申役銀、当年迄納来り候、其木数大分かれ（枯）うせ申ニ付、上木役に迷惑仕ル事、

④一、酒札・むろ（室）札・商札・馬札、如此之札銀ニ町人迷惑仕候へ共、当年ハ御勘定衆御吟味を以御ゆるし被成候事、

⑤一、当年之日損ハ惣なミ之儀とハ申なから、宇土《うと》郡之内大分之日焼村之分、やう〳〵四分五分之年貢かけ申村、大かた七八千石ほども可有御座候哉、此百姓共来夏ニ取付申飯米幷作食無之由、

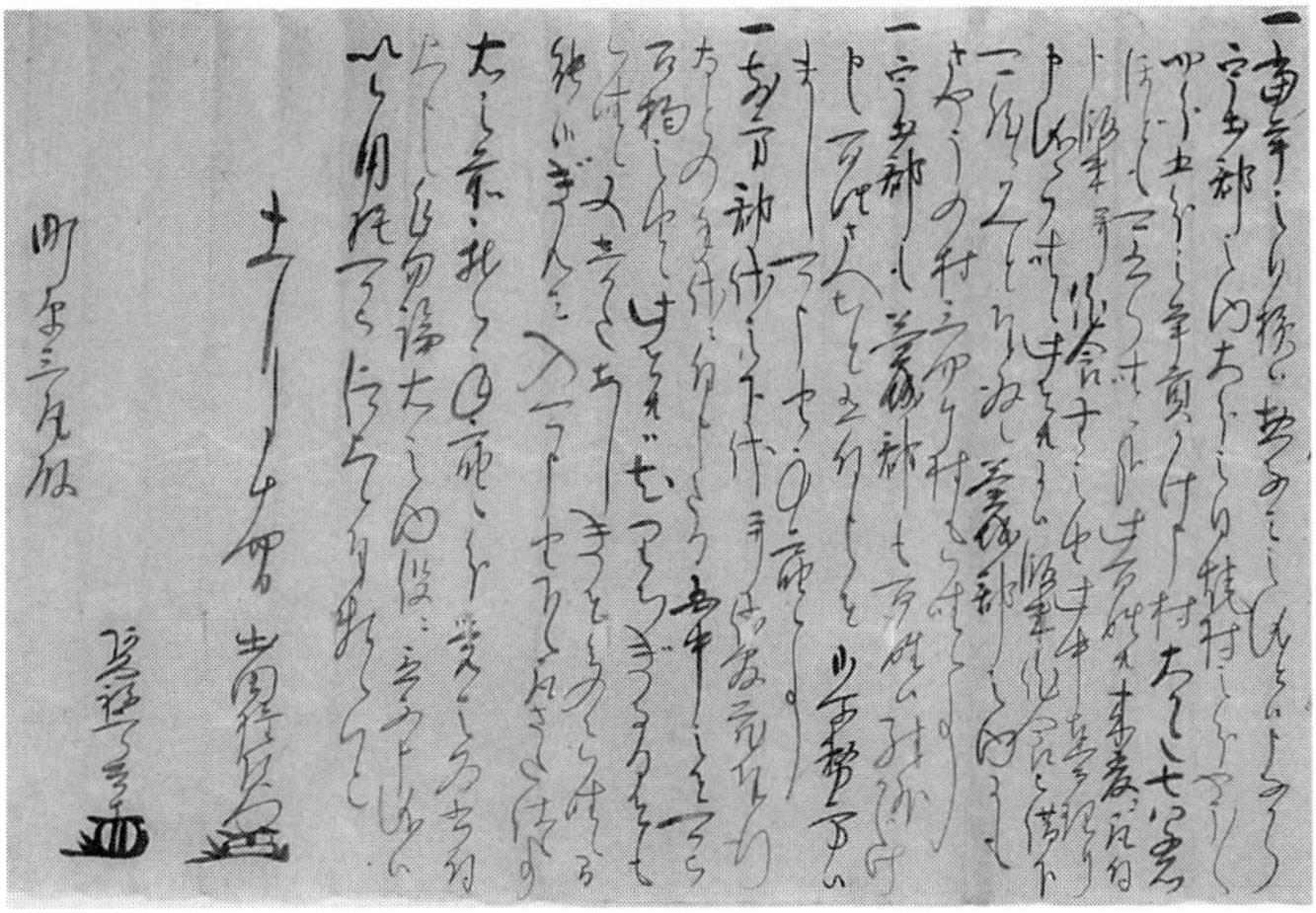

図12　（寛永９年）11月14日　肥後先代ノしおきノ覚（右

此中達而理り申儀ニ御座候、此者共に
ハ飯米作食被借下可然候ハんと奉存候、
益城《ましき》郡之内にも、さやうの村三四ヶ村
も御座候事、

⑥一、宇土郡も益城郡も百姓ハ殊外かじけ
申候、百姓さへちと有付申候者、御所
務方ハまし可申由承届候事、

⑦一、前方郡代之下代幷代官蔵奉行なとの
手代ニ付申たる国中之者、可被召拘之
由候、此者共ハ尤りちぎ（律儀）なる者も御座
候、又しかたあしき者多々御座候間、
能御ぎんミ入可申由、下々取さた仕候
事、

右之前、我々承届候分、覚之為書付上
申候、乍勿論右之内役ニ立不申儀ハ、
以御用捨可被　仰上候、奉頼候、以上、

十一月十四日

出田《いでた》権左衛門（花押）

阿久禰《根》二郎兵衛（花押）

町原三允《まちはらさんのじょう》殿

この文書は、内容から寛永九年の作成だと確定できる。十一月十四日は、改易された加藤家から幕府上使衆が受け取った熊本藩領が、小倉より入部する細川家に移管される直前にあたる。

まず注目すべきは、端裏書に忠利が自筆で「加藤家（「肥後先代」）の政治（「仕置」）についての概要」と明記していることだ。文書を左側から折り畳んで短冊状になったときに表《おもて》面になるのは文書の右端の裏面だ。ここを「端裏」という。端裏書とは、その文書の性格を当該文書の受給・管理者が端裏に記した文言のことで、多くの文書を管理する者が、いちいち開かずとも必要な文書を手に取ることができるようにする目的で記したものだ。つまり本文書は、加藤家の肥後国統治の実情を記した伝達文書として、忠利自身の手に渡り、忠利の座右に置かれて細川家に伝来した重要史料だということになる。

次に差出人を見よう。加藤家中には出田という苗字の者が複数いた（「加藤家侍帳」）。阿《あ》久《く》根《ね》も九州の苗字だ。二人は熊本藩領を幕府上使衆に移管する加藤家側の実務担当者とみてよい。宛所の町原三允は、当該期の安房《あわ》国の幕領で地方支配にあたる代官であったことが知られるので（佐藤博信「安房妙本寺における由緒と伝統の創生」）、加藤領を接収する幕府側の実務担当者の一人だと断定される。

以上から、この文書は加藤家改易・細川家転封《てんぽう》に際して、領国の実情を旧大名家側から幕府担当者を介して新大名家側へと伝達した引継ぎ文書であり、加藤家改易当時の熊本藩領の地域社会の状況を現在に伝える一次史料であることが明らかになる。内容を検討しよう。

加藤家末期熊本藩の驚くべき状況

第一条は、加藤家の蔵入地でも給人地でも、村によっては「無理之年貢」が賦課《ふか》されてきたため、百姓経営の断絶が多発していた事実を伝える。個々の御蔵納代官の管轄区域や個々の給人地ごとに年貢率等がばらばらで、不平等化していても、加藤家の統治機構はそれを制御することができなかったのではないか。こうした状況に拍車をかけたのが、検地帳と地域の生産活動の実態との乖離《かいり》である。加藤家が旧小西行長《こにしゆきなが》領をも含む五四万石の全領域に検地を実施したのは慶長十二年（一六〇七）であったが、すでに木が枯れ失せた地域からもこの検地帳に基づいて上木役銀《あげきやくぎん》が徴収され続け（第三条）、漁をしていない村々から御菜《ごさい》の魚を米で代納させ続けていた（第二条）。慶長十二年の一国検地から、この時点ですでに二五年が経過していた。

それにしても、これは忠利が家督を相続した時点での細川家小倉藩領の藩政が弛緩《しかん》した状況（本書五九頁以下）と、瓜二つではないか。

忠利や奉行たちが悩まされてきた寛永の旱魃は、肥後でも百姓経営の再生産を阻害していた。第五・六条にみえる宇土郡・益城郡は、かつての小西行長領であり、慶長五年の内乱に際して清正が実力でもって占領・接収して加藤領に組み込まれた地域である。これらの地域が旱魃のダメージを最も強く受け、「飯米作食」の欠乏、百姓経営の衰退（「百姓ハ殊外かじけ申候」）が顕著であるとされている。領国支配に著しい地域的不均等が生じていたのだ。

このような状況を生じさせている要因として、個々の給人による不当な給人地支配だけでなく、御蔵納代官の恣意的《しいてき》な村支配までもがはびこっていた（第一条）わけだが、第七条は、地域社会の基底部から事態を把握した記述として注目される。すなわち、加藤家郡代（郡奉行）の下代や、御蔵納代官・蔵奉行の手代として年貢徴収等の実務に携わってきた「国中之者」＝大庄屋層には、厳格な職務態度の者もいるが、年貢納入業務上の不正や不法を憚《はばか》らない者（「仕方悪しき者」）が多数いる。新大名の細川家は、こうした大庄屋層を召し抱える方針だというが、彼らの職務実績をよくよく評価した上で採用の如何を決定するべきだ。これが「下々取沙汰」、すなわち百姓の世論だ、というのである。「取沙汰」

とは世上の評判の意だ。

御蔵納代官だけではなく、本来、藩政の担い手であったはずの郡代までが、みずからの部下たちが地域社会で職務権限を恣意的に行使している現実に何らの規制も加えることができず、むしろ結託している。こうした領国支配のありさまを、藩政の崩壊あるいは未成立と評価するのも間違いではないと思う。なお、このような状況が続けば御蔵納年貢の収取量は激減していく。第四条によれば、大名財政悪化のしわ寄せが多様な営業税（「札《ふだ》銀《ぎん》」）となって町人へと及ぼされ、熊本城下町の衰退が現実味を帯びるところまで深刻化していた。

さて、ここでは再度、第七条の「下々取沙汰」という表現に注意しておこう。加藤家末期の肥後の地域社会に生じた百姓の世論は、こうして新大名細川忠利本人に伝えられたのだ。その背景には、大庄屋層と一般の庄屋・百姓層との深刻な対立を想定するべきで、そのことが加藤家の引継ぎ担当者に強烈なインパクトを与え、本文書にこれを記載せしめたのであろう。代替り直後の忠利が取り組んだ惣庄《そうじょう》屋《や》制の再構築のような、地域行政機構の抜本的立て直しが、熊本藩地域の百姓の側から忠利に対して強く促されていたのであった。

破損し放置された熊本城

加藤家末期の領国支配の停滞ぶりは、寛永九年（一六三二）十二月九日に入城した忠利が目にした熊本城の状況にも表現されていた（後藤典子『熊本城の被災修復と細川忠利』）。熊本入城の翌日、忠利は江戸にいる子息光尚《みつなお》に自筆で、「江戸城のほかに、これほど広い城を見たことがない」と、やや興奮気味に書き送っていた（細一三―一〇八五）。しかし間もなく、忠利は熊本城の目を疑うような状態を知ることになった。十二月二十五日に幕閣《ばっかく》の伊丹康勝《いたみやすかつ》に宛てた書状（細一六―一八七二）では、次のように記している。

熊本城普請《ふしん》之儀者、下々有付候時分、緩々と可得御意と存候、塀なと落候所ハ、小倉にてのことく繕申度候、但小倉之儀ハ度々得御意候ての事にて候、熊本ハへい（塀）も直し不申分にて可有之候哉、屋ねのもり、へいの穴ハ繕申にて可有之と存候通、丹後《たんご》殿・讃岐《さぬき》殿・大炊《おおい》殿なとへも御物語候て可被下候、

「熊本城の普請は、小倉から入部した家臣の下々までが落ち着いてから、焦らずに幕府の許可を得たいと思う。塀などが落ちている箇所は、小倉城でやっていたのと同じように修繕したい」。続けて忠利は次のように嘆く。「小倉では度々幕府の許可を得て修理していたが、熊本は塀も直してこなかったのか。屋根の雨漏りや塀の穴くらいは繕うものだろう。幕府の老中たちにこの状況をお伝えください」。にわかには信じがたいが、寛永十一年三

月七日付で忠利が幕府へ城の修理を願い出た願書（「御自分御普請」文・下・四五）で、「加藤代からの塀・矢倉は殆どすべて修理が必要」と記しているところからみても、客観的な事実だったと断定される。

幕藩体制下の大名居城普請は武家諸法度《ぶけしょはっと》によって規制され、破損・普請箇所の絵図を付した文書による事前申請が必要だった。広島藩主福島正則《ふくしままさのり》が、この規定に抵触したため改易処分となったのは有名だ。しかし、忠利から伊丹への書状の文面を見れば、熊本城がみすぼらしく傷んでいたにもかかわらず、加藤家から幕府へは修復申請さえなされていなかった可能性が高い。加藤家と幕府との政治的コミュニケーションが充分に機能していなかったこと、さらに藩政の弛緩による財政悪化が、こうした事態の背景にあったと推察される。加藤清正が熊本城を〝完成〟させたとされる慶長十一年（一六〇六）から、わずか二六年後のことであった。

藩政の弛緩、地域行政上の権限の私物化、そして幕藩関係の機能不全。同時代人に酒乱狂気を揶揄《やゆ》された熊本藩主加藤忠広のもとで、事態はすでに幕府が加藤家に見切りをつけざるをえない段階にまで悪化していたのではあるまいか。筆者は、これが将軍家代替りにおける加藤家改易の真の理由だと考える。

大国肥後《ひご》を満足に統治する能力を有さない加藤家を退け、国づくりの実績ある忠利を移

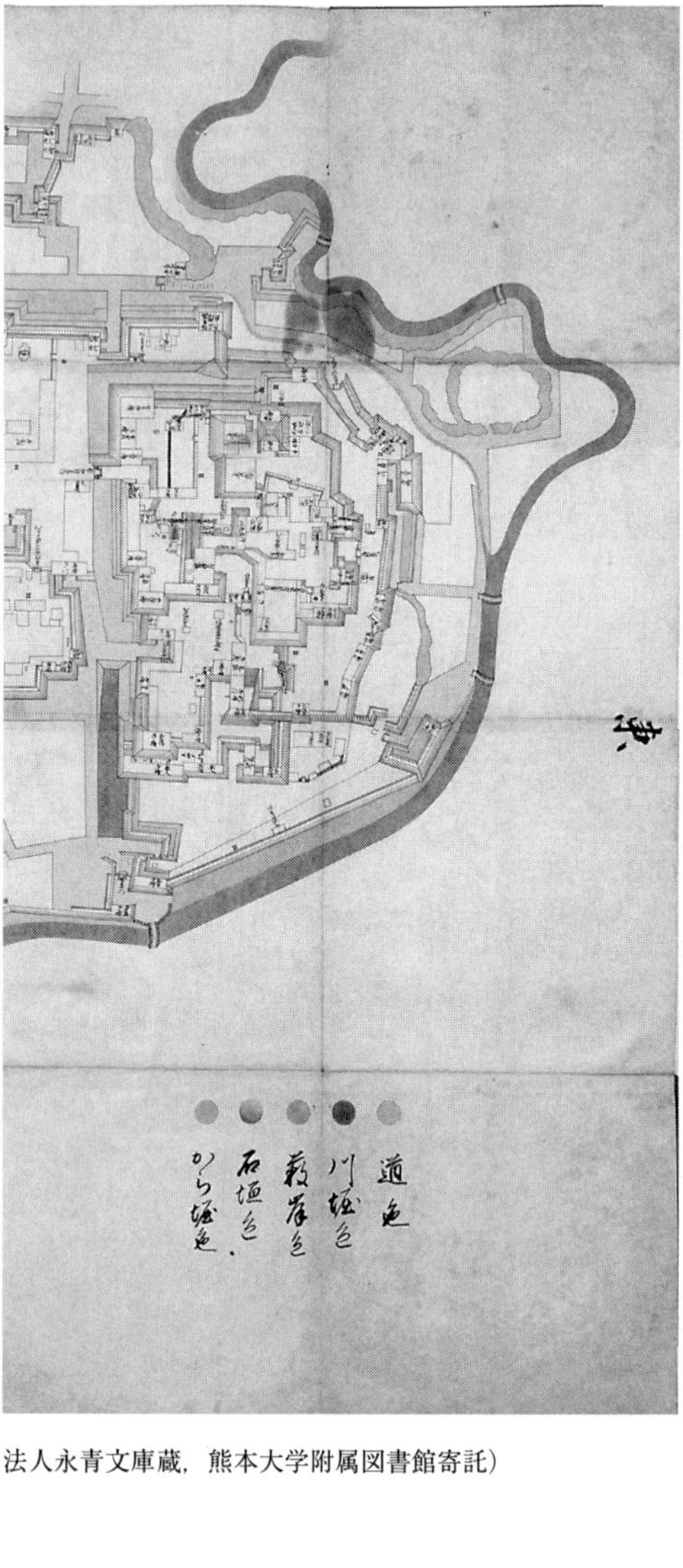

法人永青文庫蔵，熊本大学附属図書館寄託）

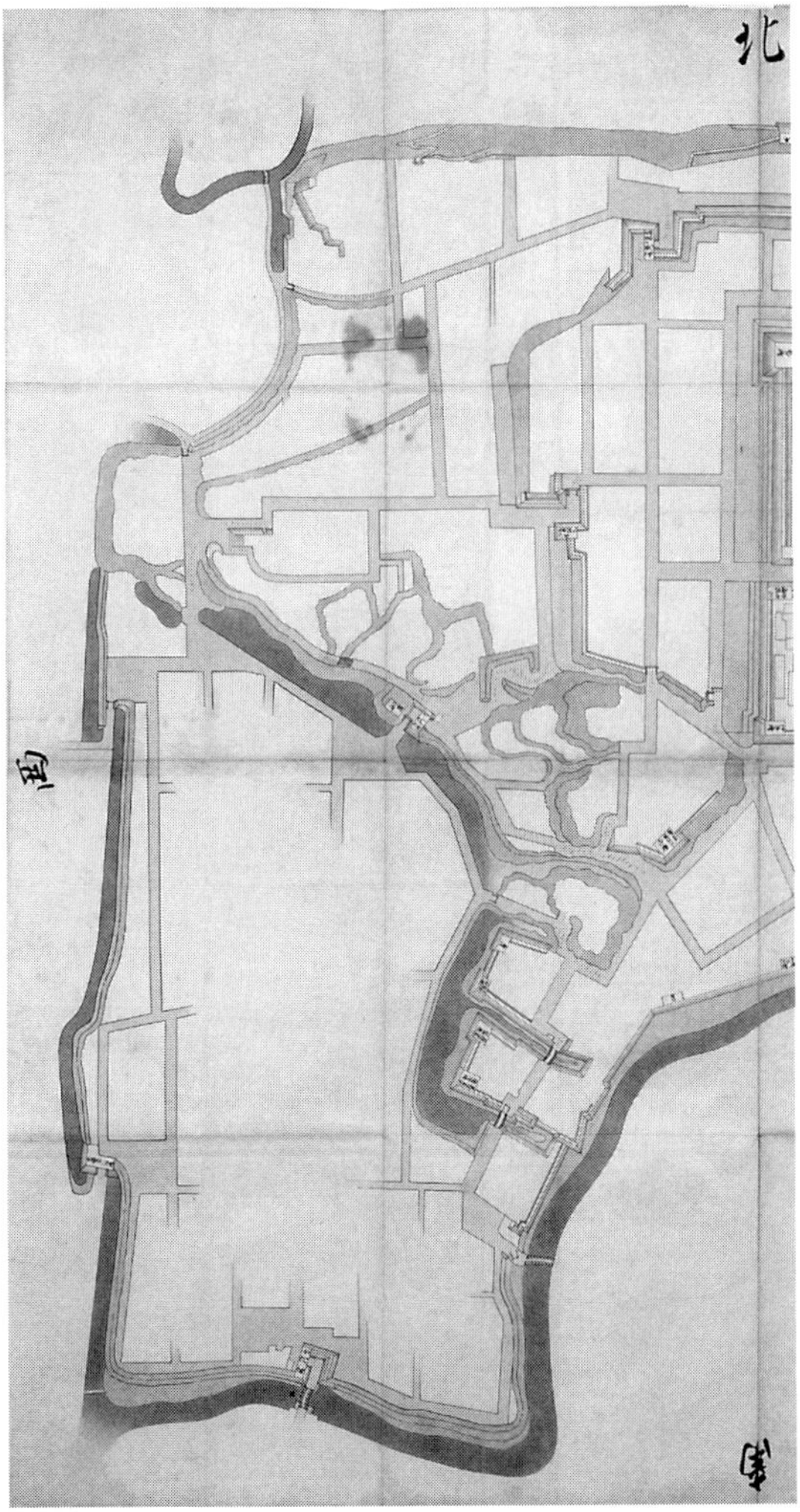

図13　熊本城と惣構え（「熊本城図」公益財団

すこと、それは家光政権にとって代替りの徳政の切り札であった。しかし忠利にとっては、小倉藩での一二年間に及ぶ取り組みを、肥後でまた一からやり直すことを意味したのである。しかも国替えの激務とストレスが影響してか、忠利は寛永九年の十月には「下血」していた（細一〇―五三二）。だが彼は、不安を抱えながらも肥後での国づくりに集中する。熊本城の本格普請の開始は寛永十六年にまでずれ込んだが、忠利本人や奉行衆の領国統治への集中が居城普請を遅らせた面もあったのだ（後藤典子前掲書）。

忠利が唯一とりうる道は、小倉藩時代に地域社会の百姓たちと相対しながら獲得した経験をもって、肥後の地域社会に臨むことであった。

年貢率実績の調査

幕府から国替えを伝えられた時点で忠利が取り組まねばならなかった課題の一つは、寛永九年分の貢納物を後継の小笠原家に引き渡すため、豊前・豊後の領国ですでに収納した年貢・小物成《こものなり》と未収納の分とを、帳簿にまとめることだった。国替えの前提としての基礎作業であるが、それを直接担当したのは「国中惣庄や」（叢書一一〇号）たちであった。肥後国替えを江戸で伝えられた忠利は、自身の豊前・豊後退去後における小笠原家への行政的引継ぎ（「国之跡の仕置」）を申し付けるため、惣庄屋と郡奉行を小倉に召集しておくよう指示していた（叢書一一一号）。

小笠原家への引継ぎ事項をみずからまとめた文書（叢書一一八号）で忠利は、本来は御蔵納代官と同様に惣庄屋も熊本に召し連れたいが、それでは小倉領を引継ぐ小笠原家が滞りなく藩政を展開できなくなると述べ、惣庄屋が地域行政の要たる位置にあることを、みずから説明していた。だから、逆に肥後熊本にやって来た忠利は、熊本藩領の村々の大庄屋・庄屋・百姓たちから加藤時代の年貢率などのデータを差し出させ、それを踏まえて、村々との間に新たな契約関係を結ばねばならないはずであった。

しかし、この作業は思うに任せなかった。十二月二十四日、忠利は三斎宛ての書状（細一〇―五六六）に次のように書いていた。

国中知行之善悪も、于今《いまに》一切不存候、大方にて知可申躰にて無御座候、色々百姓だまり候事多と聞え申候、

「国中知行の善悪」とは、領内各地域の加藤時代の年貢率の実績の良し悪しを指す。忠利は、肥後の百姓が数値を申告しないので実態は一向に把握できていない、と嘆いている。さらに、年が明けて寛永十年、稲の作付の時期も迫った二月二十三日には、幕府老中の稲《いな》葉正勝《ばまさかつ》に対して、より具体的に報告している（細一一―六〇二）。

知行割《ちぎょうわり》之儀ハ、高と物成と庄屋にか丶せ候へハ、又小百姓申候と事（殊）之外違申候、又加藤平左衛門古帳之面を見候へハ、是又かはくニちかい申候故、其元ニ而如申候、当暮之毛上ならてハ、中〱知行わり不罷成候、

忠利が年貢率実績のデータ収集を急がせた理由は、なるべく早く「知行割」、すなわち七〇〇人にも達する知行取家臣らへの知行宛行《あてがい》を実施する必要があったからだ。そのためにはハードルがあった。たとえば、同じ知行一〇〇石を得た給人であっても、年貢率四〇%の納入実績がある村を宛行われた家臣と、三〇%の実績しかない村を宛行われた家臣とでは、給人地としての条件がまったく異なり、不平等が生じてしまう。忠利は、こうした不平等が生じるのを未然にできるだけ防ぐために、領内各村の庄屋から村高と過去の「物成」=年貢率の実績を文書で提出させ（指出《さしだし》）、給人に年貢率実績の異なるいくつかの村（の百姓・耕地の一部）を組み合わせて宛行うことによって不公平を均《なら》す知行割を実施しようとしたのだった。ところが、庄屋からの指出の数値と、村々の「小百姓」らが口頭で証言する数値とは大きく異なり、また、加藤家の家老の一人である加藤平左衛門から引継いだ「古帳」の数値とも大きく相違しているというのである。忠利は、実際に今年の収穫状況（「毛上」）を見ないと知行割は困難だと漏らしているのだ。

図14と表6を見てほしい。熊本藩領は天草《あまくさ》郡・球磨《くま》郡を除いた肥後国全土と、阿蘇郡から豊後《ぶんご》の港湾都市・鶴崎（現大分市）とを結ぶ豊後街道沿いの二万石余、合計五四万石の規模を有して、十七世紀中葉の村数は、ほぼ一〇〇〇であった。これらのすべての村々の過去の年貢率を把握するには厖大な作業量を要した。

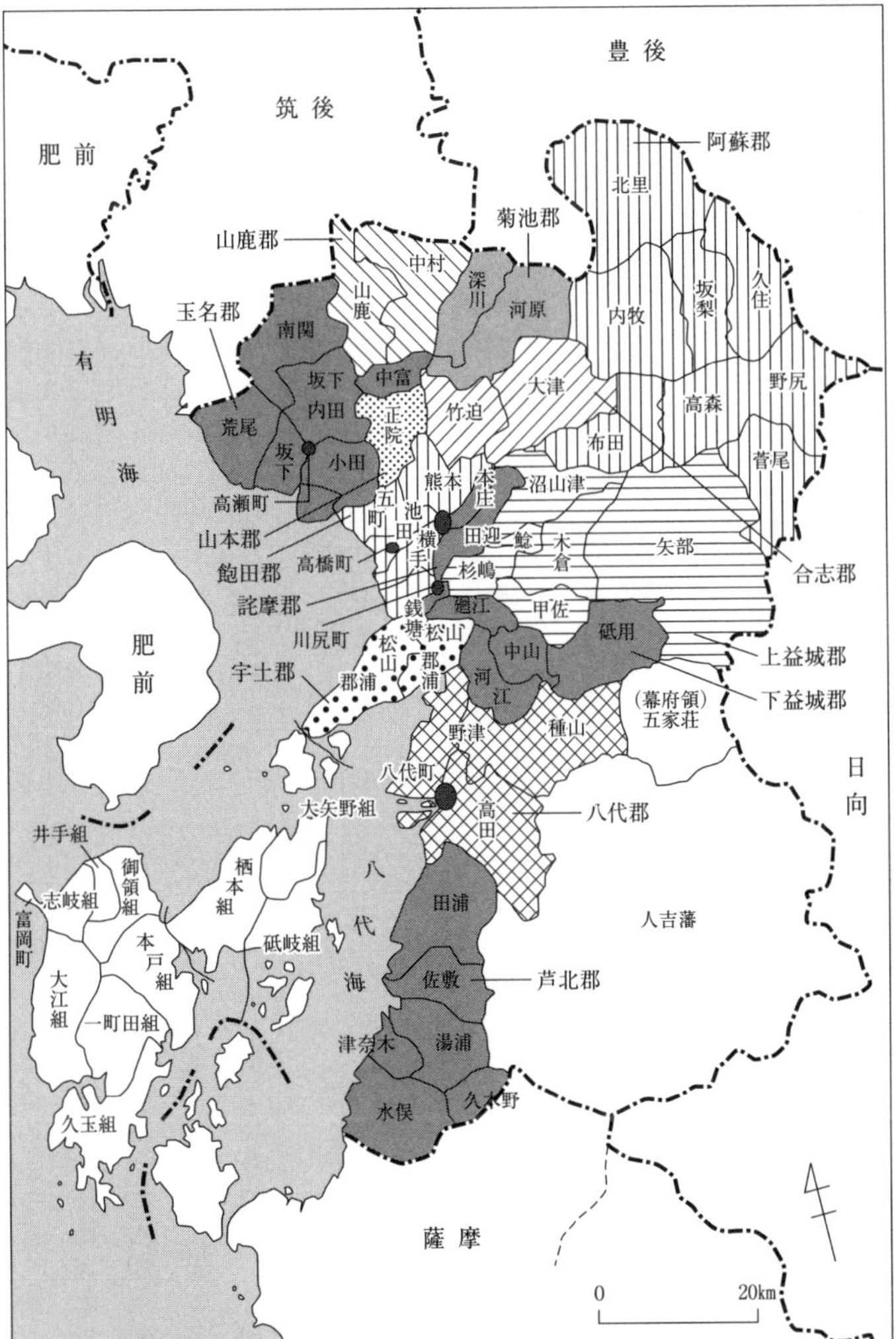

図14　17世紀後半の熊本藩領郡・手永区画図（肥後国）

豊後国側には熊本藩領の直入郡久住手永，大分郡野津原手永，同郡高田手永，海部郡関手永が存在した．なお，久住手永は肥後国阿蘇郡と豊後国直入郡にまたがっている．（原図：今村直樹）

表6　熊本藩領54万石の各郡村数・手永数

郡	村　　数		手永数
飽田郡	94村・5万1,033石余		4手永
託麻郡	29村・1万9,088石余		2手永
益城郡	286村・12万3,433石余		10手永
宇土郡	48村・2万5,709石余		4手永
八代郡	60村・4万2,877石余		3手永
葦北郡	30村・1万7,534石余		6手永
山本郡	33村・1万7,387石余		1手永
玉名郡	110村・7万3,937石余		6手永
山鹿郡	44村・3万3,116石余		2手永
菊池郡	67村・2万6,463石余		2手永
合志郡	60村・3万4,691石余		2手永
阿蘇郡	84村・5万4,628石余		8手永
豊後3郡飛地領	63村・2万 240石余		4手永
合計	1,008村	54万石余	54手永

村数・石高は「正保郷帳」による．ただし豊後3郡は「寛永郷帳」による．手永数は17世紀後期に固定化された段階の数．

このように、百姓との新な契約関係を締結するための、そして家臣らへの知行宛行を実現するための年貢率実績調査は、困難を極めた。

惣庄屋任用と直目安制

一方、加藤家からの引継ぎ文書によって大庄屋層の登用のあり方に大きな課題を見出した忠利は、小倉時代に成果をあげた惣庄屋制改革の手法を熊本藩領にも適用しようとした。入国早々の寛永九年（一六三二）十二月二十五日付で全郡に合計二六人の郡奉行を任命し、小倉時代に惣奉行として手腕を発揮した田中兵庫らを、郡奉行衆を統括する奉行に任じた（「御郡方文書」八・五・七・一）。そして翌寛永十年四月七日、忠利の意向をうけた田中らは、御郡奉行中に宛てて五ヵ条の触《ふれ》（『藩法集7　熊本藩』）を発し、その第五条では次のように定めている。

惣庄屋被仰出者は似合ニ知行・扶持方、其者之依御奉公可被仰付候事、

管見の限り、この史料が熊本藩における惣庄屋の初見であり、文言によれば、忠利はこの直前に加藤時代の大庄屋のうちから惣庄屋を任命したものと推察される。前述のように、大庄屋層による行政権限の私物化は一般百姓層からの強い批判にさらされていたわけだが、それに対応するため、忠利は小倉時代と同様、彼らの「御奉公」ぶりによって、すなわち職務業績の評価に基づいて処遇を決定する旨、周知徹底を図っていたのだった。

では、職務業績の評価基準は何か。第四条では次のように記して、忠利の「御意」を伝えている。

> 御郡奉行・御代官・庄屋私成儀、御百姓何にても迷惑仕儀候ハヽ、御郡頭《おごおりかしら》迄目安を上ケ可申候、猶又時分を見計目安箱《めやすばこ》を可被成御廻との御意候事、

郡奉行、御蔵納代官、そして惣庄屋・村庄屋といった地域行政上の権限を有する役人が、私的に権限を行使して（「私成儀」）、百姓の再生産を阻害（「迷惑」）させるようなことがあったら、百姓らは田中兵庫ら地域行政統括官（「御郡頭」）に目安を提出するだろう。なおまた、時機をみて領国中に目安箱を回すのが忠利の意向だ、というのである。これも、小倉時代の惣庄屋制再構築と同様に、目安箱などを通じて百姓の世論や身分的主張を吸い上げ、それらを具体的根拠にして、大庄屋層の地域行政役人的性格を担保しようとする政策であった。

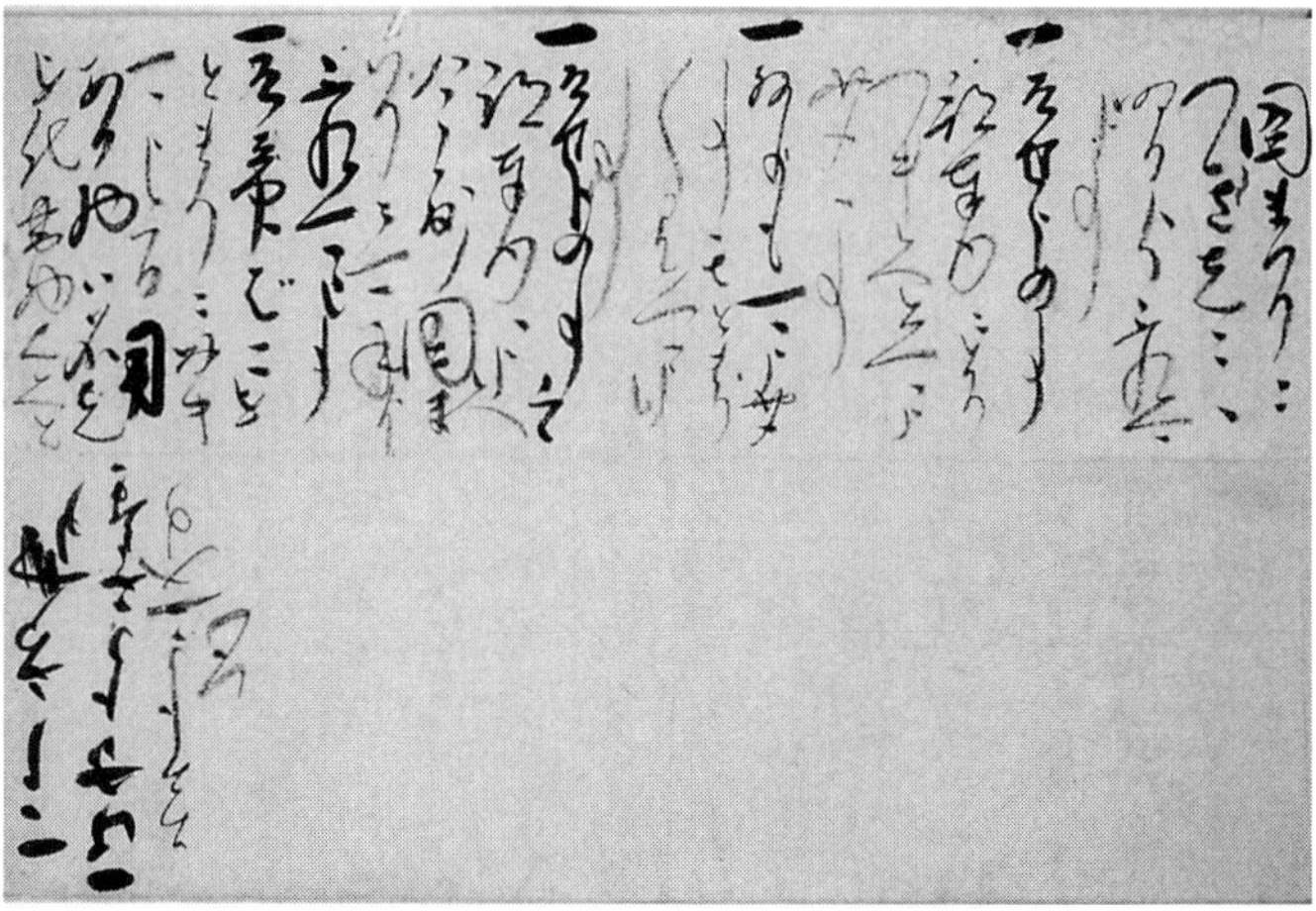

図15　(寛永10年2月) 細川忠利自筆達書 (公益財団法人永青文庫蔵, 熊本大学附属図書館寄託)

しかも、「目安箱を廻す」のは決して単発のガス抜きではなかった。この触書に先立つ三月一日から忠利は熊本藩領の「国廻」(巡見)を実施したが(細五―一〇六九)、図15は、それに際して巡見先の百姓らに周知させる事柄を自筆で認めて奉行に達した文書である(叢書一二一号)。忠利は、百姓から年貢率の決定などをめぐって多くの訴訟が提起されると予想し、こう指示していた。「次のように百姓らに周知せよ。訴訟は郡奉行に提起すること。今度の巡見では自分が聞き届ける。巡見中は宿泊先で直訴も受ける。目安箱(「訴訟箱」)を持参するので、記名した訴状を投入せよ。事前に命じた以上の饗応は必要ない」。

地域行政重視の奉行人事

寛永十年（一六三三）、どうにか知行割の実施にこぎつけた忠利は、八月十八日に一一二名からなる新奉行人事を決裁して（叢書一一二九）、参勤のため出国した。人事の特色は以下のようにまとめられる。

第一に、惣奉行には小倉時代から信任の厚い浅山修理亮《あさやましゅりのすけ》・横山助進《すけのしん》・佐藤安右衛門《やすえもん》の三名が就いたことだ（叢書一一三五号）。第二に注目すべきは、小倉時代にはなかった、全郡の地域行政を専門に管轄する「御国之惣奉行」ポストの新設であり、やはり信任が厚い田中兵庫をはじめ、宗像清兵衛《むなかたせいべえ》・牧丞太夫《まきじょうだゆう》の三名が任用された（叢書一一三〇号）。第三は、阿部弥一右衛門《やいちえもん》らの「御国中廻り中奉行」への登用である。これは領国支配全体を監察する要職であった。全体としては、大国肥後において地域行政機構を充実させようという意図が際立っている。

一方で、忠利家督相続以来の財政担当奉行であった栗野伝助《くりのでんすけ》は、給人らへの不適切な米銀貸付を追及されて、じつに切腹させられ（叢書一一三九号）、かつて同様に信頼重用された野田小左衛門《しょうざえもん》も姿を消している。

奉行人事において特に注目されるのは、阿部弥一右衛門の登用である。彼は忠利の理想とする領国統治の実現のために地域行政機構を監督する立場で重用されていくが、もとは豊前宇佐郡の惣庄屋であった。忠利は、後任の小倉藩主小笠原家のためにすべての惣庄屋を国に残し置く原則のもとで、ただ弥一右衛門だけは特別に熊本に召し連れ、奉行に登用したのだった（『綿考輯録《めんこうしゅうろく》』巻三十三所収「長兵衛覚書写」）。惣庄屋出身の奉行が忠利の藩政を支えた事実には、国づくりの方向性が明示されている。すなわちそれは、元和七年（一六二一）における家督相続以来継続してきた地域行政機構の改革の現場での経験に基づいた、現場からの人材登用による藩政の構築であった。

益城郡村々庄屋の年貢率訴訟

忠利が参勤に出立した直後、おそらくそのタイミングを狙って、目安箱に一通の訴状が投入された。それはじつに、益城郡の村々の一四六名もの庄屋たちが連判した訴状であった。原本自体の現存は確認されていないが、熊本藩奉行所の部局「郡方」が近世後期になって編纂した「御郡方文書」（八・五・七・四）の中に、訴状の論点に惣奉行衆・御国之惣奉行衆が具体的に反論し、それらを庄屋衆が聞き入れた旨を誓った、寛永十年九月九日付の誓約書が写されている。それによれば、懸案だった寛永十年の年貢率問題を基軸とした細川家と庄屋衆との対立実態を知ることができる。

庄屋衆の訴状に記載されていた論点は次の三つだ。第一が、小倉時代の目安箱に入れられた訴状と同様に、そもそも過去の検地に不公平と「竿詰り」、すなわち耕地面積の過大登録があること。第二が、寛永十年の年貢率が「高免」、つまり不当に高いこと。第三が、加藤時代から御蔵納・給人地ともに多くの百姓が経営破綻しているため、寛永十年分の村請年貢は皆済困難であること。やはり加藤家末期の熊本藩領の状況は、忠利が家督を継承した時点の小倉藩領と同様であった。

惣奉行らは、第一の論点については、検地の不正は加藤家の悪政によるもので、それをもって細川家の統治を批判するのは筋違いであること、第三の論点についても、加藤家がいかに過重な百姓夫役動員と多様な小物成（雑税）の賦課を継続してきたか、細川家が一年足らずの短期間にそれをどれだけ免除する善政を施してきたかを強調し、百姓の訴えを退けている。

ただ、やはり問題は年貢率の高下であった。惣奉行らは益城郡庄屋衆の訴えを退ける理由を次のように説明している。

> 御国中一在所も、此方より免相《めんあい》被仰付在所無之候、大庄屋・小庄屋・百性（姓）立相、先御代之御免相差引之上を以、御百性共御免相帳調上ヶ申候、其御帳無相違被仰付候、然時ハ高免と申、御《お》理《ことわ》り有之間敷候、此申上様聞得不申候、

領国中のどこを見ても、藩側から一方的に年貢率（「免相」）を決めて押し付けた村など存在しない。「大庄屋」（惣庄屋）、「小庄屋」（村庄屋）、それに百姓が立ち合いの上、加藤時代の村ごとの年貢率に一定の「差引」を施し、その数値をもとに百姓らが作成した年貢

率帳簿（「免相帳」）に基づいて、今年の年貢率が決定されている。こうした手続きを踏んでいるのに、「高免」だと訴えられる筋合いはない。惣奉行らはこう主張し、庄屋衆側はこの説得を一応は聞き入れ、訴えを取り下げている。

ここから理解できるのは次の二点だ。第一に、惣奉行衆の反駁《はんばく》ロジックに小倉時代の経験が充分に反映されていることである。郡奉行と惣庄屋・村庄屋、それに百姓らまでもが立ち合った年貢率合意の手続きの遵守《じゅんしゅ》こそは、忠利代の奉行衆が田川郡庄屋衆の訴訟への対処等（本書一〇九頁以下）を通じて、実地に学び取った統治技術であった。しかし第二に、奉行衆と庄屋衆の対立の焦点は、加藤時代の年貢率からの「差引」＝引き下げ幅にあったわけで、庄屋衆は奉行衆の反駁に形の上では同意しているが、一般の百姓層までが納得したとは到底考えられない。

前述のように、旧小西領の益城郡は特に大きな旱魃被害を受けた地域であったが、寛永十年の年貢率をめぐる訴訟は、続いて領国北部の菊池郡から、思いもかけぬ形で提起されることになるのである。この「菊池郡百姓越訴《おっそ》事件」については後述するとしよう。

肥後における統治の成熟

地域開発と手永・惣庄屋制

熊本の地域史が語られるとき、河川改修や用水路開削、それに干拓《かんたく》といった、江戸初期のインフラ整備は、どういうわけか「清正公《せいしょこ》さん」の専売特許で、忠利のそれは、ほとんど黙殺されている。加藤家のもとで崩壊したに等しかった肥後の支配体制と、ダメージを受けた地域社会に対して、忠利はいかにして普請《ふしん》・開発の手を入れたのだろうか。

肥後《ひご》国替え直後からの細川家の地方政策で注目されるのが、地域開発の推進である。確認される事業は、阿蘇郡の湿地開発、熊本平野部の灌漑《かんがい》水路開発、海浜部の開田および干拓で、加藤家統治期に荒廃した地域社会における百姓の当面の再生産と農業基盤の強化とを図ろうとするものであった（叢書一二四号）。このうち、阿蘇郡の湿地開発については、その政策形成の過程を示す史料が存在している。

寛永十一年（一六三四）の時点で、「阿蘇郡むたひらき」、つまり阿蘇郡内の湿地（「むた」）開発のために、四六〇人もの「新百姓」が他所から現地に入植していた。阿蘇カルデラ内の地域（阿蘇谷）は一九七一年から圃《ほ》場《じょう》整備がなされるまでは湿田率が高く、平均気温は藩領中でも格段に低かった。こうした厳しい環境の地域こそが、寛永期の地域改善事業の対象に選定されていたことは重要である。翌寛永十二年正月十六日、坂梨助兵《さかなしすけべ》衛《え》・内牧徳《うちのまきとく》右衛《え》門《もん》ら阿蘇谷内の手《て》永《なが》名を苗字とする惣庄《そうじょう》屋《や》三名は、独自の調査に基づいて、惣奉行を通じて忠利に伺《うかがい》書《がき》（叢書一四六号、図16）を提出した。惣庄屋たちは入植百姓の経営状態を上中下の三ランクに分けて把握し、飯米が欠乏している中下の三四〇人に一人あたり一日六合、合計二〇〇石の扶助が必要だとして、借米《しゃくまい》を願い出たのである。

興味深いのは、惣庄屋衆から惣奉行衆への飯米欠乏の事情説明の内容である。

> 我々の認識では、中・下の百姓たちは作付時期が遅れたために収穫が悪くなったのだが、その上、彼らは「他所」より入植した百姓なので、阿蘇谷に適した作付方法や耕地の良し悪しに「無案内」であったことが影響した。当年からはこの点を責任もって改善させるので、麦の収穫まで飯米を貸与願いたい。

惣庄屋たちは、入植百姓の経営状況やその農業技術的背景を具体的に把握し、それを根

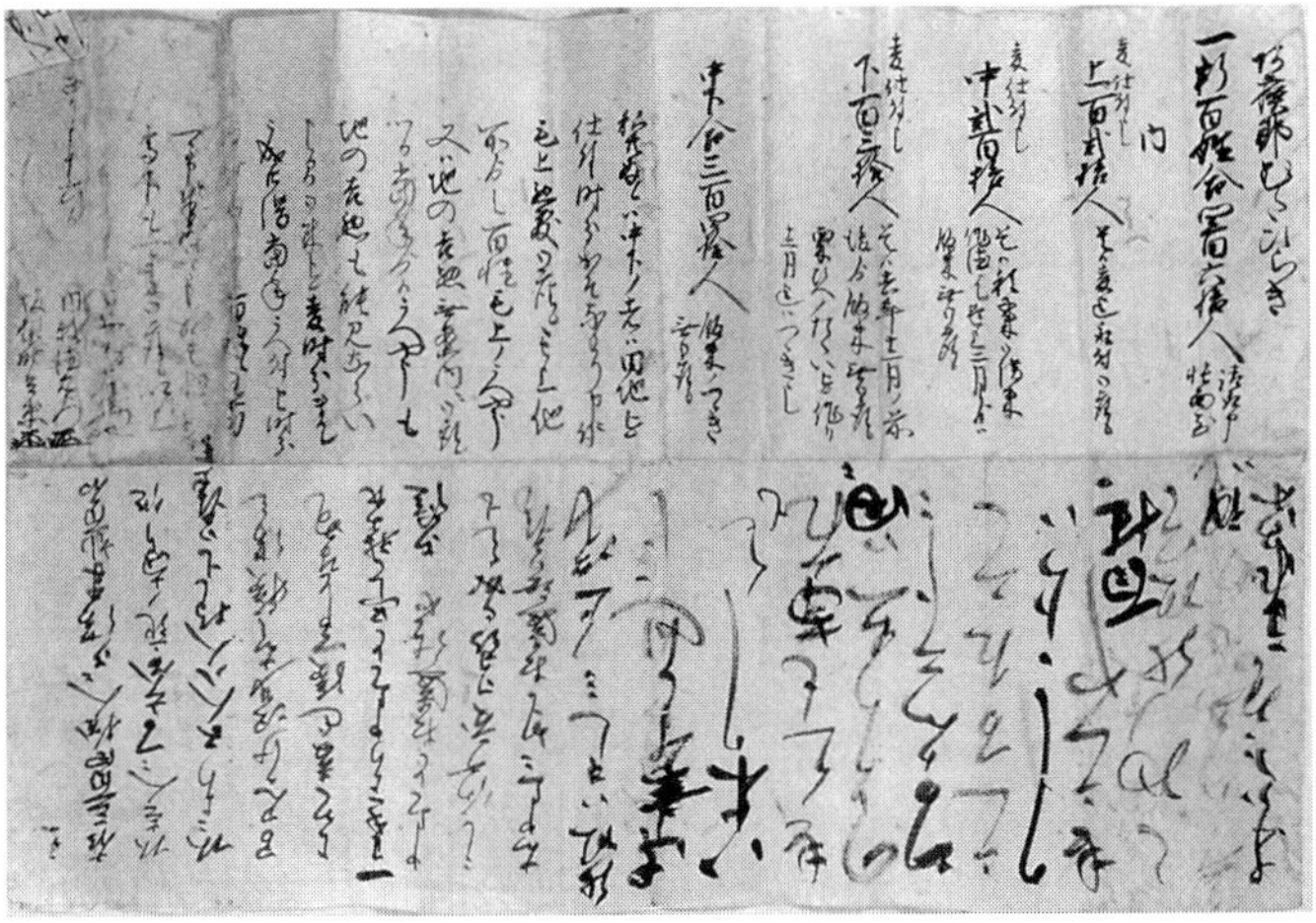

図16　（寛永12年）正月16日　阿蘇郡惣庄屋衆伺書・忠利自筆裁可（公益財団法人永青文庫蔵，熊本大学附属図書館寄託）

拠に飯米貸与を要求していたのだ。これに対して忠利は、「貸与して今年の年貢とともに返済させるくらいなら、給与した方が良いのではないか。具体的な給与方法は惣奉行に任せる」、と自筆で裁可して回答している。

さらに、この直後に参勤に出立した忠利は、二月二十九日付の達書《たつしがき》（叢書一四七号）で、惣奉行にこう伝えていた。

阿蘇之開所柄悪候ニ付、中ニも悪敷所ニ居申候もの百人、先《まず》大津（合志郡）へ家をも申付引越、其外ハ阿蘇ニ残置候由得其意候、大津へ移申百姓ニハ右両所之作食之儀ハ百姓之手前高下之吟味仕、折々ニ借遣有付申候様ニ可仕由、得其意候、阿蘇の湿地のうちでも特に悪所に入植した一〇〇人については、外輪山《がいりんざん》の西側の宿場である大津に引っ越させて、状況に応じて飯米（「作食」）を貸与する。宿場の拡大と湿地の開発とを組み合わせた政策案であるが、それは惣奉行から忠利に提案され、忠利はその内容を確認した上で末尾に「其の意を得候」と記して、提案を了承しているのである。

正月十六日付の惣庄屋衆の上申と同様に、惣奉行の引っ越し提案の前提には、阿蘇郡の百姓層からの要求を受け経営実情を把握した惣庄屋による地域開発仕法の具体的な検討立案、そして奉行への上申という、地域社会における政治過程が存在したことは確実である。忠利はそれを通じてはじめて、零細な入植百姓の経営維持のレベルにまでおりた政策を実現することが可能となったのである。

惣庄屋の世襲条件は手永百姓中の同意

この時期の惣庄屋と手永の百姓層との関係に、もう少し迫ってみよう。小倉における家督相続直後から、忠利が惣庄屋の地域行政役人化を推進し、肥後においてもそれを目指したことは前述した通りである。しかし肥後では、阿蘇郡のように惣庄屋が百姓層の再生産をフォローする献策主体として活動していた。こうした動向に対応し、惣庄屋の任用について、より地域に深化した方式がとられていたことが知られる。寛永十七年（一六四〇）に作成された、宇土《うと》郡惣庄屋馬瀬《うまのせ》与兵衛の跡に関する次の忠利裁可文書（叢書一七一号）が注目される。

御物庄屋病死仕候覚
「跡之知遣候、但次郎作ニ」（ローマ字青印）（忠利裁可肩書）
宇土郡御物庄屋
一、高弐拾石　　馬瀬与兵衛
右御物庄屋寛十六壬十一月十二日ニ病死仕候、せかれ（倅）次郎作と申者御物庄屋仕ものゝ由、手永ノ御百姓中申上候、御郡奉□（行）見及申候所も御惣庄屋可仕ものと申上候、重而得　御諚《ごじょう》申迄者親之跡ノ御物庄屋申付置候、
辰ノ
六月廿八日　沖津作大夫《おきつさくだゆう》（花押）
御奉行中

郡方担当奉行の沖津が惣奉行中を通じて後任人事案を忠利に上申し、裁可を受けた文書である。案件は、宇土郡の惣庄屋馬瀬与兵衛の病死跡職の後任人事であり、倅の次郎作への相続が順当であったにもかかわらず、この上申書が作成される時点まで半年もの間、未定であった。この間の具体的な事情は知りえないが、跡職相続をめぐる同族・地域内の紛争があったと想定することができる。最終的に次郎作の新惣庄屋への正式任命と二〇石の知行給与が決定されたが、それは「手永の御百姓中」からの「申上」を起点にした担当奉

図17　宇土郡馬瀬の現況

行からの推薦上申を、忠利が追認決裁することによってなされたのである。

この惣庄屋が名乗っている苗字「馬瀬」は、現在の熊本県宇土市内の河川乱流域に地名が遺っている。細川家の肥後入国直後、馬瀬与兵衛は河川交通の要衝に中世以来の拠点を持つ小領主として、惣庄屋に任用されたものと推察される。元和十年（寛永元、一六二四）の段階で、忠利は手永の百姓からの要求を目安箱を通じて吸収し、こうした小領主的惣庄屋の地域行政役人化を推進していたことはすでに述べた。しかしここでは、難航した惣庄屋職の相続人事自体に当該手永の百姓らの意思が介在している点で、惣庄屋家はより一層、百姓の側に引込まれているのである。

深化する地域行政

こうした惣庄屋が統括する地域行政の性格を考える上で、寛永十三年（一六三六）の異常気象災害への対応はきわめて興味深い。六月十八日、忠利は筑後《ちくご》柳川《やながわ》藩主の立花忠茂《たちばなただしげ》に宛てて次のように書いていた（細二〇―三〇七三）。

この国は春中にずっと雨が続いたために、作物は何もかも腐ってしまい、百姓の疲弊ぶり（「百姓いたみ申候事」）は並大抵のことではありません。そのせいで家臣たちも困窮しています。夏を生き抜くための心頼みが、すべてくるってしまいました。金銀を貯め込んでいる富裕層さえ困窮しているのですから、その他の階層の状況は容易に想像がつくでしょう。

春の長雨のために、前年の稲の収穫後に播種《はしゅ》した麦をはじめとする作物が根腐れを起こして壊滅した。このような場合、秋の収穫まで食糧が欠乏し、小百姓や下級武士階層は飢餓の端境期を迎えることになる。

忠利の書状中での表現に誇張はなかった。六月二十九日、芦北《あしきた》郡津奈木《つなぎ》村の庄屋五名は、「芦北郡津奈木村飢死ニ及申百姓御帳」と題した調査帳簿を作成している（『徳富家文書㈠』）。それは、長雨で麦が根腐れし津奈木一村でじつに男女二六三人もが餓死寸前だと報告して、細川家に飯米・作食の給与すなわち御救いを要求したものであった。表紙には本帳簿が熊本に提出された旨が記されているから、実際に飢民救済が実施された可能性が高い。

この帳簿で注目すべきは次の二点である。第一に、本帳簿が作成主体である五人の小庄屋から「御惣庄や藤左衛門尉殿」に提出され、藤左衛門尉の花押《かおう》と印が捺された上で、郡《こおり》奉行に提出されていることだ。この花押と印は、惣庄屋が村庄屋の報告内容を承認して郡奉行に上申する旨を示す決裁印にほかならない。本帳簿が惣庄屋が統括する飢民救済事業の内容とそれがカバーする対象者を示す貴重史料であることが分かる。第二に、御救い対象に挙げられている全五八世帯のうち、作高をまったく持たず農業に携わらない貧しい漁民が七世帯、それに当主が七〇歳代以上の世帯が一〇も含まれ、そのうちの一世帯は名子《なご》（小作人）身分であったことだ。

このように、寛永期の異常気象に対応するために惣庄屋のもとでまとめられる飢民救済事業は、年貢・諸役を多く負担する中核的百姓のみではなく、災害時に最も深刻なダメージを受ける高齢世帯等の社会的弱者や、米穀年貢を納入しない漁民百姓や小作人までをも対象にして、公共的＝行政的な性格を強めていた。したがって惣庄屋には、まさに地域行政の統括者としての公的権限行使が住民らから強く求められたのであり、奉行衆や忠利は、こうした情勢を重視したからこそ、手永百姓中の意向を反映させた惣庄屋人事を実行せざるをえなくなったものと考えられるのである。

被災百姓の救済は統治者の使命

前述のように忠利は、すでに寛永三年（一六二六）の旱魃《かんばつ》に際して、将軍から拝領した刀剣や三斎《さんさい》から受け継いだ「数寄道具《すきどうぐ》」を手放してでも、旱魃被害の百姓・給人の救済に充てるつもりだと述べ、大名家

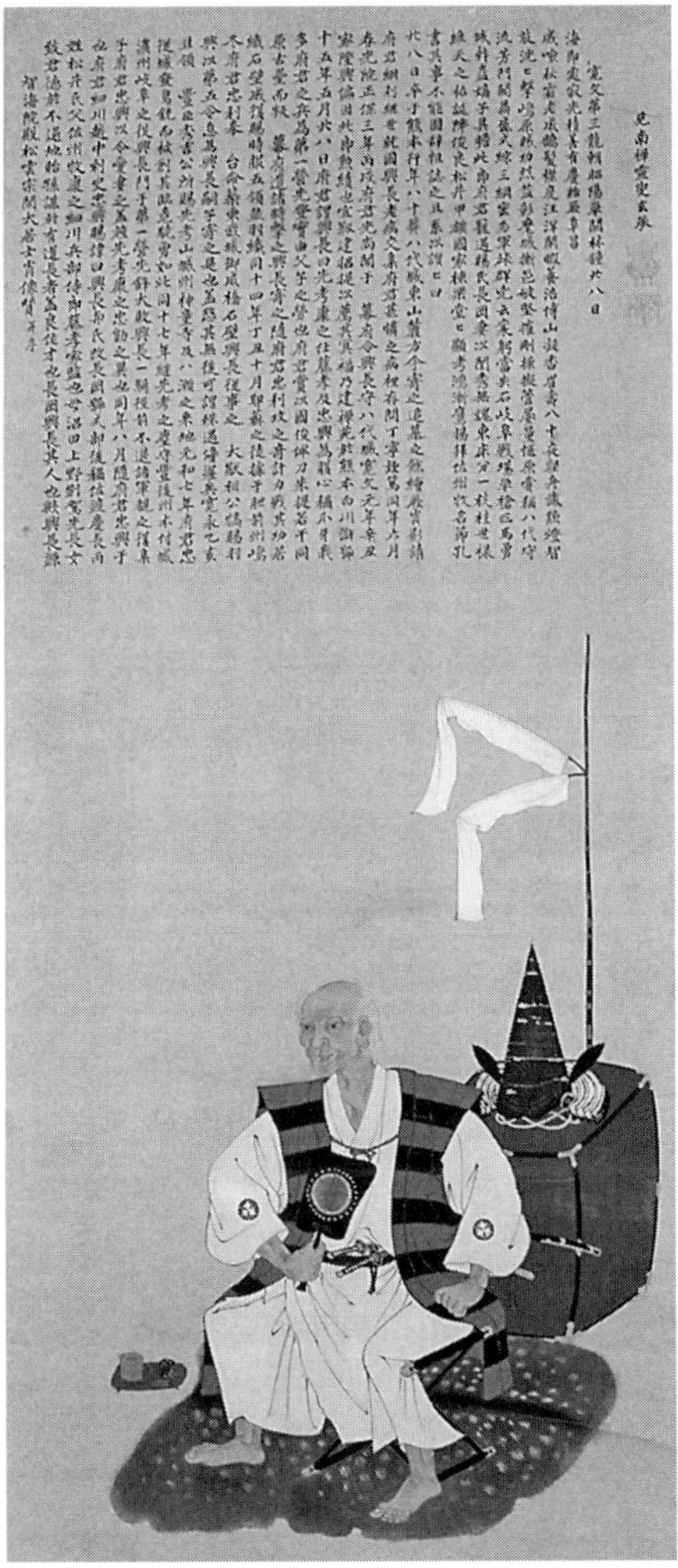

図18　松井興長像（松井文庫蔵）

という政治単位の主宰者として、百姓の再生産維持のためには個人的利益を犠牲にするという姿勢を示していた（本書一二〇頁）。統治者としての理想的な姿勢は、忠利に君主権を委任している家老からも強く求められていた。

寛永十年八月、肥後国替え後はじめての年貢収納にあたって、主席家老の松井興長《まついおきなが》は忠利の信頼厚い惣奉行三人に伺書《うかがいがき》を提出し、忠利への披露を求めたが、そこにはこう記してあった（叢書一三三三号）。

殿様御やく《（厄）》たが《（違）》への御米被召仕様之事、堂宮《どうみや》を御建立被成儀にても無之候、又御六様《（細川光尚）》御代まで被召置物にても無之候、下々ハ利倍をも仕候へとも　殿様之御事ニ候間、何ニ成とも相応之御用之儀ニ被召仕候而可然候事、右之様子女房共ニ尋候へば如此申候、此通可被仰上候、

「殿様御厄違への御米」とは、忠利が厄払いの祈願をする堂宮の建立等に用いるための米のことだ。興長はこう述べる。「忠利様は御堂や宮を建立される様子もない。後継者の光尚《みつなお》様の代まで取り置くものでもない。どうされるおつもりか。『下々』の者たちは利殖に回しているが、『殿様』としての『相応の御用』に充当していただければよい。この件は『女房共』の話題にもなっている」。五四万石の統治者としての忠利のアイデンティティをくすぐる諫言《かんげん》である。

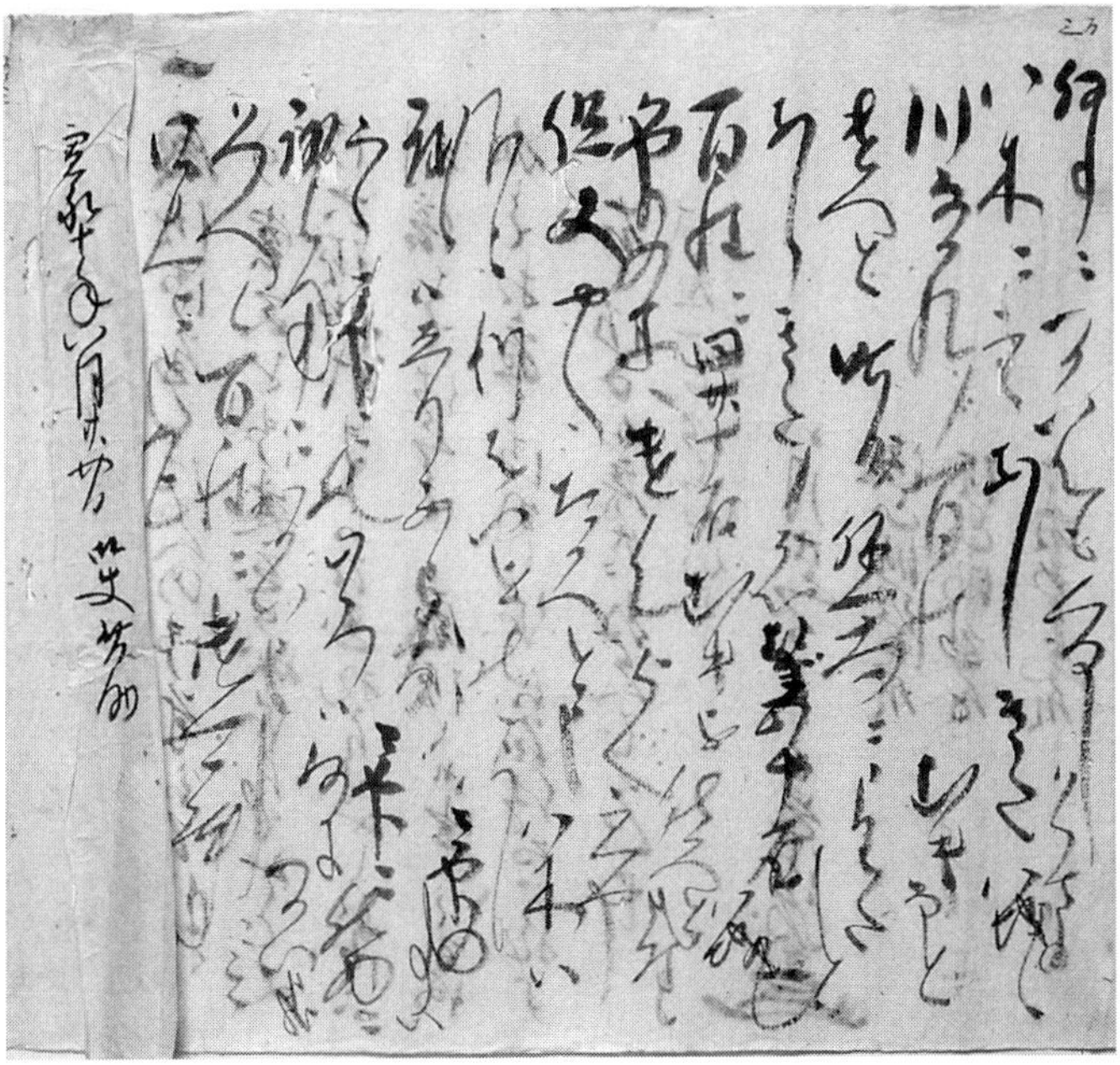

図19　（寛永10年8月24日）細川忠利自筆裏書（公益財団法人永青文庫蔵，熊本大学附属図書館寄託）

これに対して忠利は、興長の自筆伺書の裏面にこれまた自筆で、しかもかなり激しい筆致で次のように回答したのだった（図19）。

何事ニつかいてもくるしからさる八木（米）ニ候ハヽ、あしきた・八城（代）之川なかれ（流）ノ百性（姓）ニむキ（麦）なと遣候へと、昨日弥一（阿部）右衛門尉ニ申わたし候、あしきたノ者むぎ五十石、八城之百性ニ同廿十石むキを仕候へと申付候、かやうの所へ遣候てよく候ハんや、但、又やくたかへと申候八木ハ下々利はいを仕候よし、さやうの事ハ我々ハしり不申候間、さやうニ仕物ニ候ハヽ、さやうニ仕、のちハ何につかい申哉、我々用ニつかい申候事ニ候ハヽ、かつへ候百性ニ遣可然かと存候、

現代語訳すればこうなる。

おまえが言うように何に用いてもいい米なのだから、芦北・八代《やつしろ》で洪水被害にあった百姓の救済に充てるよう、おまえに言われるまでもなく、昨日、阿部弥一右衛門に指示したところだ。麦に替えて八代の百姓に五〇石、芦北の百姓に二〇石、御救いが必要な地域の百姓に遣わせば、それでいいだろう？　下々の者どもの利殖の仕方は知らないし、そうしたとしても、どう使うというのか。藩主である自分の用に使う米なのだから、飢えた百姓に給与して然るべきだ。それでいいだろう？

藩主の人格・行動の規律化に命をかける家老興長と忠利との緊張感あるやりとりは、「天下泰平」確立期の時代を象徴している。異常気象が継続する渦中で、国替え早々に興長が忠利に確認させたかったのは、被災百姓の救済は統治者の使命だという自覚に基づく政治姿勢であった。家老や奉行から求められるたび、忠利はこうして応えざるをえなかったのである。

菊池郡百姓越訴事件

ところが、この年の十一月末、江戸に参勤していた忠利のもとに国元の惣奉行衆から驚くべき知らせが入る。菊池郡四町分《しちょうぶん》村（現熊本県菊池市）の百姓が、折から肥後を巡検していた幕府の上使衆《じょうししゅう》（監察官）に直訴状《じきそじょう》（「直目安」）を提出したというのだ（叢書一三六号）。それは忠利のまったく予想しない大事件であった。しかも、直訴の内容は、①新領主の細川家が百姓から麦年貢を徴収したことの不当性、②旧領主の加藤家が前年までに百姓に貸与していた種子米を代替りに破棄せず、細川家が回収したこと、③寛永十年分の年貢率が不当に高いこと、以上の三点であった（叢書一四〇号）。八月の益城《ましき》郡庄屋衆連判訴訟（本書一五四頁）と同様に、またも肥後の百姓は細川家の領国支配の根幹部分を衝《つ》いてきたのであった。

しかし訴状を披見した忠利は、惣奉行に対して即座にこう指示する（叢書一三八号）。

我等下、善悪を可承候、多分百姓之理たるへきと存候、あやまりハ我等と兵庫（田中）・宗《むな》像《かた》・牧《まき》手前ニ可在之候、……必非分ハ此方ニ可在之候、此由年寄共へも可申候、

自分が国元に戻ってから訴訟の理非を検討はするが、おそらく百姓の主張に理があると思う、非は自分と御国之惣奉行衆三人の側にある、というのである。さらに翌年二月十七日付の自筆達書で忠利は惣奉行等に次のように伝えている（叢書一四二号）。

此度上使へ目安上候百性（姓）之様子、此方にて具《つぶさ》ニ承候、先《まず》なに事も申候へとふれ（触）候、

> 其上我々目安はこ《（箱）》へ可入書物を、其ことハり《（理）》をしらす候て、上使へ上候、百性の身にてもさやうニも可有之候、とゝかぬ《（届）》様子候ハヽ、承、とゝけ可申付と存候へとも、右之分ニ候間、……其上公義之御法度ニきう人《（給）》たいくわん《（対捍）》ハ其所へことハり可申よし被仰出候、此儀も百性ハ存ましく候、此段よく申わたし、心安存様ニ可仕候、方々にて目安上申候者之ためにて候、謹言、

細川家が肥後入国早々に目安箱を設置した目的は、「届かぬ様子候はば承り、届け申付けるべし」、すなわち藩政上の諸問題を百姓目安を通じて具体的に把握し、改善することであった。忠利は惣奉行衆にこう指示している。「百姓は藩の目安箱を用いて提訴すべきだが、その「理《ことわり》」（礼儀）を知らず上使衆に直訴してしまった。幕府法（「公儀之御法度」）にもあるように、給人と百姓との紛争（「給人対捍《たいかん》」）は、管轄の郡奉行（「其所」）に提訴すべきなのだ。このことを、『方々にて目安上げ申す』百姓のために周知させろ」。

つまり忠利は、百姓直訴状に盛られた三ヵ条の問題は、給人と給人地の村の百姓との間で生じている年貢収取をめぐる対立から発するものだとみて、百姓の上訴を郡奉行が受け付ける体制を整えるよう、惣奉行に指示したのだった。忠利は小倉時代から一貫して、給人の給人地における百姓支配を郡レベルで規制するシステムの構築を、自覚的に追求していたのである。その背景に、百姓を公的な権利主体として統治する基本姿勢があったこと

はいうまでもない。

職務評価主義の深まり

さらに帰国した忠利は寛永十一年（一六三四）末、蔵入地代官の職務実績を評価して任免する権限を代官のうちの瀬戸五兵衛《せとごへえ》に付与して、「悪しき」代官の免職を瀬戸の責任において断行せんとし（叢書一四四号）、翌年正月の参勤出立時には、地方行政上の一五もの懸案を、惣奉行となった乃美主水《のみもんど》・河喜多《かわきた》五郎右衛門・宗像《むなかた》清兵衛・牧丞太夫《まきじょうだゆう》に分担させ、このうち乃美と河喜多には、忠利留守中の職務評価による郡奉行の任免権を付与した（叢書一四五号）。

上使衆への百姓直訴事件から忠利が得たのは、御蔵納代官・郡奉行に代表される地域行政担当役人の適切な人事を常に追求し続けることの必要性と重要性だったのであり、参勤中にも、特に自分が信頼する奉行らに人事評価・任免権を付与行使させることで、その実現を目指したのであった。こうした取り組みは、新領国肥後の統治の安定化に一定の成果をもたらすものであった。

このように肥後の庄屋や百姓らは、年貢等納入契約の主体として、みずからの公訴権を最大限に活用して新大名細川家の統治のありさまを批判したが、その基底には、手永レベルの自治的地域行政が展開していた。これに対応する忠利と家老・奉行衆の姿勢は、忠興のもとで緩み切った小倉藩政を元和七年（一六二一）に引継いで以来、肥後でも一貫していたが、地域行政にかかる奉行（役人）人事のあり方は、より厳格かつ機動的な職務評価主義へと傾斜していった。職務内容に問題のある郡奉行や代官は容赦なく交替させねば、手永を基底に置く地域行政機構を十全に機能させることなどできない。忠利は、ポスト戦国世代の統治者としての基本姿勢に根ざした役人の職務評価・任用基準を、明示する必要に迫られたのであった。

「私なき」支配から「天下」論へ

「私なき支配」のために

寛永十二年（一六三五）二月から翌年五月までの長きにわたる在府期間にも、忠利《ただとし》は「御国之惣奉行」に領国支配実務上の指示を次々と与えていた。わけても、疲弊した村への確実な年貢免除あるいは扶持米《ふちまい》下行を実施せよとの自筆の達し（叢書一四八号）や、加藤時代のような公儀普請《こうぎふしん》への百姓動員は停止し、百姓夫役《ぶやく》は国元の灌漑《かんがい》用水施設の普請に充てさせるよう繰り返し述べ（叢書一五一・一五二号）、百姓の再生産条件の確保に具体的に配慮している点が注目される（後述）。

前述のように忠利は、熊本入国直後の寛永十年四月の段階で、郡《こおり》奉行・代官・庄屋らが百姓に対して私的に権限を濫用《らんよう》して百姓の再生産を阻害（「迷惑」）させるようなことがあったら目安箱《めやすばこ》に訴え出るよう、触書《ふれがき》で表明していた（本書一五一頁）。この触書で、役人による私的な権限濫用を示す表現として、忠利は「私成儀」との言い回しを用いている。この表現は、長引く在府期間の最中にあたる寛永十三年正月五日、忠利が惣奉行《そうぶぎょう》衆《しゅう》宛ての達書《たつしがき》（叢書一五六号）の第一〇条に記した次の記述においても、繰り返し用いられている。

我等下候ハ、代官・郡奉行・惣庄屋申付様可承候、私なき様ニ可申付事肝要候、其身の不届儀者其身一分ニて相済候、我等国のしかたわき〳〵にも能可承候、其上ハ御耳にも切々達可申候、我等不存儀ニ私成儀下々ニ仕成候てハ、国のため家の為ニて候間、能々《よくよく》可申聞候事、

忠利はこう述べる。今度自分が国元に戻ったなら、御蔵納《おくらのう》代官・郡奉行・惣庄屋の職務実態（「申付様」）について自分に報告せよ。これら役人らは、「私なき様に」職務にあたることが肝要である。個々の役人の不届きは、本来は「其身一分」の問題なのであるが、細川家による領国支配のあり方は隣国からも注目され、したがって将軍の知るところにもなるのだから、役人の「下々」に対する「私成儀」の押し付けは、「国のため家の為」のレベルの問題だと考えねばならない。

彼の政治思想の神髄を明瞭に示した文章である。ここに直接的に表現されているのは、役人の百姓に対する私的権限行使を絶対的な悪とみなし、その余地を極限まで制約することで、公的な領国支配＝藩政を諸大名の中でも模範的に定着させていこうとする忠利の政

治姿勢である。これまでの本書の叙述からも分かるように、こうした姿勢は、彼自身がつねに領国の地域社会の現実と向かい合うことを通じて維持されたものであった。

いやしくも統治権力を行使する者は、公私の区別を明確にし、百姓を私的・恣意的な支配にさらしてはならない。「天下泰平」を支えたのは、現在にも通じる統治思想と実践であった。そして当然のことながら、こうして家臣・役人を説諭する忠利自身も、役人の業績・能力を客観的に評価することができる「私なき」統治者であり続けるべきだと自覚していたのだった。

このとき、忠利は五一歳になっていた。

忠利と浅野内匠頭

忠利の統治者としての成熟程度は、他の大名家当主や幕府要職者とのやり取りを示す史料によっても知ることができる。

永青文庫《えいせいぶんこ》には、「浅野内匠頭《あさのたくみのかみ》へ御異見之書物」と書かれた貼紙が貼られた包紙に一括された忠利の諫言状《かんげんじょう》・書状の写、それに内匠頭の忠利宛て書状一通が伝来している（一〇八・六・六〇・三三）。浅野内匠頭といっても、忠臣蔵の浅野長矩《ながのり》ではなく、その祖父にあたる浅野内匠頭長直《ながなお》と忠利とのやり取りを示す文書で、忠利が江戸にいた寛永十年（一六三三）に年次特定される（後藤典子「細川家文書に含まれる浅野内匠頭関係史料の再検討」）。当時、肥後国替え直後で四八歳だった忠利に対して、浅野長直は前年九月に死去した父長《なが》重《しげ》の跡を継いだばかりの二四歳、常陸《ひたち》・笠間《かさま》五万三〇〇〇石余の藩主だった。この年の十二月頃に若き直重が起こした小姓《こしょう》押し込め事件に際して忠利が発した一三ヵ条の説諭状が、その人格の成熟ぶりを示してくれる。現代語訳して示そう。

一、貴殿は、あらゆることが気儘《きまま》だ。せめて三年は何につけても我慢をなさって、父親の浅野直重殿がなさったのを手本にして行動されるべきです。

一、家老たちと何でも御談合なさって、その異見をもお聞きになるように。

一、小姓の増尾平内之介、松井庄之介は不行儀な者たちなので、私にお預けになるように。

一、木村伊織もまた私へお預けになるように。

一、伝丞、八大夫、市兵衛、これも預ける者たちです。同意なさらないなら、江戸ではなく、あなたの知行所へ置いておくのが当然です。

一、連歌を頻繁になさるのはお止めになること。

一、座当《ざとう》たちを意味もなく寄せ集めるのは絶対禁止です。

一、朝寝や、素性の分らぬ者たちとの夜遊びは御無用のこと。

一、万事につき、不養生なさってはいけません。

一、来客は饗応なさること。

一、金銀を無駄遣いしてはいけません。

一、御誓文をやたらにお書きになってはいけません。

一、実質・内容のない形ばかりの数寄（茶の湯）は、お止めになるのが当然です。

第三〜五条にみえる小姓押し込めの事情については不詳であるが、忠利の意見の率直さと厳しさには驚きを禁じえない。第一条では、家督相続直後の大事な時期にもかかわらず勝手気ままな振る舞いを続ける内匠頭を叱りつける。その上で、内匠頭の江戸での生活態度のありとあらゆる問題を指摘して説諭しているのだ。

この説諭状とともに内匠頭に渡された十二月二十七日付の忠利書状と、それに対する内匠頭の返書によると、忠利の諫言の背景が浮かび上がる。まず忠利は、自分が広島藩主浅野光晟《みつあきら》、三次《みよし》藩主浅野長治《ながはる》とともに、昨年亡くなった内匠頭の父浅野長重の「名代《みようだい》」として内匠頭に諫言するものであると述べ、幕府の老中稲葉《いなば》正勝《まさかつ》も病の床にありながら内匠頭を心配していると説く。さらに、忠利と内匠頭との間を取り持ち、説諭の書状を内匠頭に届けるなどの仲介役となったのは、あの「賤ケ岳七本槍《しずがたけしちほんやり》」の一人平野《ひらの》長泰《ながやす》の子息長勝《ながかつ》で、将軍を診察する高名な医師武田道安《たけだどうあん》も一肌脱いでいた。しかも細川・稲葉・浅野一族・平野・武田の諸家は、忠利の祖父幽斎《ゆうさい》の時代から縁故関係で結ばれていた。以下、後藤典子「細川家文書に含まれる浅野内匠頭関係史料の再検討」によってみよう。

図20　細川幽斎像（公益財団法人永青文庫蔵）

「寛永諸家系図伝」によると、武田道安は建仁寺《けんにんじ》の英甫永雄《えいほえいゆう》に師事して学んだ京都の医師で、藤原惺窩《ふじわらせいか》や和歌山藩主浅野幸長《よしなが》の招きでしばしば紀州に行って儒学を学び、幸長が亡くなった後は京都に帰り、惺窩のもとで学問を究めたという。英甫永雄の父は若狭《わかさ》の武田信重で、母は細川幽斎の姉宮川《みやがわ》である。そして、道安を紀州に招いた浅野幸長は、浅野光晟と長治の父長《なが》晟《あきら》、それに内匠頭の父長重の兄だ。幸長は学問に熱心で、惺窩に師事していた。また、前述のように惺窩は天正十一年（一五八三）に吉田兼見《よしだかねみ》の猶子《ゆうし》となっていた。吉田兼見は

細川家をめぐる諸家関係と忠利の役割

細川幽斎の母方（清原《きよはら》家）の従弟である。惺窩もまた、細川家とは縁のある人物だったわけだ。忠利も、浅野長重も、武田道安も、みな「新儒学の開祖」と評価される藤原惺窩の門下生だった。そして惺窩と交友があったという木下長嘯子《きのしたちょうしょうし》、中院通勝《なかのいんみちかつ》、惺窩の再従弟にあたる松永貞徳《まつながていとく》は、いずれも細川幽斎の和歌の弟子であった。

また、永青文庫細川家文書のうちには「妙寿院殿書翰」と題簽《だいせん》のある巻子《かんす》があり（神廿三印又一番）、妙寿院＝惺窩の最晩年（元和五年没）の書状六通が巻子に仕立てられているが、宛所は五通が「細川内記殿」つまり忠利、一通は「道安」とある。そして、そのうちの一通には内匠頭の父浅野長重の名も見える。書状の内容は参会の約束や贈答品への御礼を伝えたものだが、藤原惺窩のもとで、忠利・武田道安・浅野長重は親しく交流していたのだった。

さらに、「寛永諸家系図伝」によれば、平野長泰の父長治は「従二位清原の枝賢《えだかた》の子」である。清原枝賢は細川幽斎の母の甥にあたる。平野家もまた細川家と同じく学問の家・清原家とつながる由緒を有しており、一族は忠利の家臣になって、以後代々、細川家中老クラスの要職を務めた。そして、稲葉正勝の母春日局《かすがのつぼね》が明智光秀《あけちみつひで》の重臣斎藤家に出自を有し、光秀の娘ガラシャを母に持つ忠利と正勝とは、その縁で強く結ばれていた。さらに武田道安は、寛永十年末の時点で重篤な状態にあった正勝をも診ていたのである。

このように、小倉から熊本に移った頃の忠利は、学問・学芸を通じて父祖の代から展開されてきた諸家昵懇《じっこん》の関係態の中で、若者世代の後見として人格形成に寄与することが求められていた。その実践例である浅野内匠頭長直への忠利の諫言は、のちに播州赤穂城《ばんしゅうあこうじょう》を築城し、赤穂藩政の基礎を確立させた長直の成長に、大きな影響を与えたことであろう。

九州大名の指南役を自任

大名衆中における忠利の役割は、諸家昵懇の枠内に留まるものではなかった。寛永期西国《さいごく》諸大名の一大課題であった居城の石垣普請《ふしん》について、忠利は指導的立場にあった（後藤典子『熊本城の被災修復と細川忠利』）。

よく知られるように、幕府は諸大名の居城普請の許可制を堅持した。幕府の許可なしに広島城を普請して改易《かいえき》された福島正則《ふくしままさのり》の例を見るまでもなく、諸大名にとって、普請許可の幕府への申請と交渉は幕藩関係のうちで最も重要な事柄であった。寛永十六年（一六三九）八月、二年前に家督を継いだばかりの薩摩《さつま》藩主島津光久《しまづみつひさ》から居館・石垣の普請について相談された忠利は、光久に次のように伝えている（細二五―五四四八）。

お手紙でご相談の鹿児島のあなたの居宅ならびに石垣の普請について。このような普請は、私どもは幕府の御老中へ申請し許可を得て行っていますので、あなたも御老中へお尋ねになって、その返事次第で普請を命じるべきです。家作事《いえさくじ》などは幕府の許可がなくても可能ですが、それでもあなたの場合は、家督を継がれて初めてのことですから、幕府へ届けられるのが良いでしょう。少々の儀でも大きなことのように噂されますから、「遠国《おんごく》」大名はそういった気遣いなしにはやっていけませんよ。……「遠国」では、あらゆることが心配ですから、家作事のことも確実に幕府の御老中へ許可申請するべきです。

元和二年（一六一六）生まれの光久は、このときまだ二十代の前半だった。忠利は、家屋敷の作事でさえも遠国は幕府に届けた方がいいと、島津家の存続のための公儀との関係を熱心に指南するのである。

光久や浅野長直のような若い大名だけではなく、忠利は同世代の大名からも幕藩関係について相談を受けていた。寛永十一年八月には日向縣《ひゅうがあがた》（延岡）藩主の有馬直純《ありまなおずみ》に、城の石垣修復について次のようにアドバイスしている（細一八―二五五〇）。天正十四年（一五八六）生まれの直純は、忠利と同い年であった。

縣城の御門脇の幅五、六間ほどの石垣を元のように修復すべきかどうかとのお尋ねですが、くれぐれも御無用なことです。石が道に崩れ掛かっているのなら、人が通れるくらいの道を確保する程度に石を引き退かして、絶対に石垣を築き直すようなことをしてはなりません。城が見苦しい状態にあるのは、どこでも同じです。上様の許可を得られてないのであれば、少しの普請であっても我慢なさるのが当然のことです。居城の門といえば、まさに大名家の〝顔〟にあたる場所であって、そこの石垣が崩れているとなれば、有馬家のメンツにかかわる事態である。直純は一刻も早く修復したかったのだろう。しかし、幕府の許可なしの石垣普請は絶対にやってはならない、どこの城でも、自分の熊本城でも、地震や大雨で石垣が崩れているのは同じなのだから、堪忍あるのみだ。

遠国の大名家を幕藩関係のもとにいかに規律化するか、大名たちを指南する忠利の言葉からは、改易などの多発を避けて統治の安定を実現しようとする並々ならぬ意志が感じ取れる。「天下泰平」への意志といってもいい。そんな忠利の視線の先には、将軍家による諸大名統制のあり方、すなわち「天下」の政道自体までもが批判の対象として見据えられるのは、自然なことであった。

「天下之大病」家光への意見状

寛永十一年（一六三四）の十一月十八日付で忠利が大目付《おおめつけ》の柳生宗矩《やぎゅうむねのり》に宛てた書状（細一八―二六九七）によると、上洛中の家光は、江戸に帰ったら新しい「御仕置」を実施する意向を諸大名に示していたという。翌年六月に制定することになる武家諸法度《ぶけしょはっと》のことであろう（細一八―二六九七）。そして忠利は、家光政権の画期となるこのタイミングで、家光の側近の一人永井直清《ながいなおきよ》に宛てて、家光への諫言状といってもいい内容の長文の意見状（十一月十八日付　細一八―二六九六）を提出したのだった。

意見は次のように始まる。「上様はすべての政事にまったく手抜かりはないとみずから思っておられるが、あなたの要望に応えて、大名たちの考えや様子を、自分が上様の側近たちに申し聞かせたいと思う」。家光自身は露ほども思っていないであろうが、諸大名の中には幕政への批判意見と、幕政に起因する矛盾が蓄積されている。それを清直らを通じて家光に伝えるのが自分の役割だというのである。そして意見状の核心は、次の文言に集約されている。

　とかく天下之大病ハ、下々の草臥《くたびれ》迄ニ候、其外《そのほか》ニ非道成儀不承候、少つゝの事ハなくてハ不叶儀ニ候、何と思案仕候ても、諸人之甘《くつろぎ》候御仕置なくてハ済不申候、何と存候哉、御代を此時と下々も存躰ニ候、

「天下」は「大病」に罹っている。それは「下々」の「草臥《くたび》」れ（疲弊）に尽きる。これが家光政権のたった一つの「非道」である。少しずつ、どんな困難が伴っても、この状況を緩和する政策（「諸人之甘《くつろぎ》候御仕置」）を推進せねばならない。幕閣の面々の認識はどうなのか。「下々」は家光政権に期待しているのだから。

なんと強烈な諫言であろうか。では、忠利が「下々の草臥」の要因だと促えていた政策はなにか。一つは、同じ意見状に、「第一之国々の痛ハ、供之者多召連候故、国之草臥と成申候」と記していたことから明らかなように、多くの供の者を引き連れねばならない参勤・在府制が諸大名の財政を圧迫しているという認識であった（吉村豊雄『近世大名家の

権力と領主経済』)。そしてもう一つが、公儀普請への諸大名の度重なる動員であった(今村直樹「近世初期大名家による公儀普請と伊豆石丁場」)。

公儀普請とは、幕府からの諸大名動員による江戸城・大坂城をはじめとする城郭の普請だ。江戸幕府の支配権の正当性は、「天下泰平」の不戦状態を維持することによって保たれていたわけだから、幕府権力強化のために大名を軍事動員することはできない。そこで、初期には城普請＝大土木工事への動員が強行されたのである。ちょうどこの頃、寛永十三年正月から予定されていた江戸城普請の準備が始まり、細川家も動員を受ける。肥後への加増転封《かぞうてんぽう》という破格の扱いを受けていた忠利には、家光政権の威信をかけた公儀普請への動員を断る選択肢はない。それどころか、「いまの時代は大坂城や江戸城の普請役の務めこそが公儀への御奉公」だと述べていたように(本書一二四頁)、諸大名の中でも模範的な働きが求められていた。

忠利は、意見状の提出から一〇日後の十一月二十八日付で立花宗茂《たちばなむねしげ》に宛てた書状で、「関東・奥州・信濃筋の大名たちは江戸城の堀普請、西国・上方の衆は石垣普請を仰せつかった。これでは『日本之草臥』は止むはずもない。大名たちが自分の責任でいかに『分別』して疲弊を避けるか、それしかない」、と述べていた(細一八―二七一六)。宗茂も忠利と同様に、今度の公儀普請に動員されていたのであった。

公儀普請のあり方を問題視

では、大名たちの「分別」とはいったいなにを指すのか。それは年が明けた寛永十二年（一六三五）の正月二日付で、忠利が公儀普請奉行の加々爪忠澄《かがつめただすみ》に送った書状（細一九―二八〇九）に表れている（後藤典子『熊本城の被災修復と細川忠利』）。

来年の江戸公儀普請のために細川家の下奉行を派遣したので、幕府普請奉行である貴殿の御指南を得たい。……今度の御普請は小規模だから石垣を築く者も侍も少人数ですむ。だが、上様が代替りして初めての御普請なので、必要ない人数も侍も多く江戸に集まるだろう。それは石垣を築く役には立たないばかりか、「国之草臥」になるだけだ。上様が私の意見を聞いてくだされば、そのような事態は避けられるかもしれないが。諸大名が無駄な意地（「入らざる気情」）を張って大人数を江戸に下しても、石垣はおろか裏込めの栗石のためにもならないだろう。

忠利が問題視したのは、大名家どうしが張り合って公儀普請に不必要な大人数を動員し、幕府が見て見ぬふりをしているために、諸大名が疲弊していく状況であった。かくなる上は、諸大名が自己抑制する「分別」を持つ以外に、「下々・諸人」をくつろがせ「国之草臥」を癒す方法はない、というのである。書状中で「上様が私の意見を聞いてくだされば……」と述べていることや、同じ正月二日付で幕府作事《さくじ》奉行の佐久間実勝《さくまさねかつ》に「自分の噂が上様のお耳に伝えられていると、上様御付の医師が教えてくれた。ありがたいことだ」、と述べている（同前二七九九）のを見ると、忠利が参勤・在府制とならんで公儀普請への動員問題を具体的に批判する目的で意見状を提出し、その趣旨が家光に伝えられていた可能性は、きわめて高い。

百姓あっての「天下」

「天下之大病」は「下々の草臥」だという忠利の家光への諫言。彼の視野に入っていたのは、ここでも家臣レベルの問題に留まるものではなかった。普請の準備に忙殺されていた寛永十二年の八月から九月にかけて、江戸にいる忠利が国元の惣奉行に発した次の達書は、公儀普請動員についての忠利自身の「分別」の具体的内容を示すものだ。

> 御普請ニ付而、此前肥後守（加藤忠広）時も百姓大勢下候由ニ候、就其《それにつき》内々其覚悟仕候へと申遣候キ、然共是へ参候よりも、当年より来年井手堤之普請其外作毛を情を出し、御普請あがりニハ所務之儀を肝煎候様ニ惣百生（姓）ニ申付候ハヽ、ましにて可有之と存候、
>
> （八月十二日付　叢書一五二一号）
>
> 百姓下シ普請申付候事、是も右ニ申候、不入儀ニ候、夫役《ぶやく》可申付候へ共、大風ニ相候間、国ニ而作を精を出シ、井手《いで》つゝミ之普請を丈夫ニ仕候へと堅可申付候事、
>
> （九月十七日付　叢書一五二二号）

まず忠利は、八月十二日にこう述べる。「改易になった加藤肥後守の時代には、公儀御普請に肥後の百姓が大勢動員された。自分たちもそうせねば普請役は務められないから、百姓動員の準備をしておくようにと、おまえたちに指示しておいた。しかし、江戸に動員するよりも、今年・来年は国元の『井手堤』（灌漑設備）の普請や農作業に専念させ、御普請が終わったら年貢を確実に納入するよう、国中の百姓らに命じた方が良いのではないかと思う」。かつての加藤家と同じように、忠利も公儀普請の労働力として国の百姓を動員したいのが本音であった。しかし、洪水と旱魃《かんばつ》が繰り返す寛永期の異常気象で痛んだ百姓経営の立て直しを優先して、年貢を確実に取れるようにするのが先決ではないか。忠利は迷っていた。

しかしその迷いは、九月十七日付の達書では確信へと変わっている。肥後を台風（「大風」）が襲い、甚大な被害が出たという情報が江戸にもたらされたからだ。忠利は、百姓に夫役を申し付けたくはあるが、台風被害が出た以上は国元で農作業と農業インフラ整備の普請をしっかりと行わせるようにと、惣奉行に指示していたのであった。そして実際に、寛永十三年の江戸城公儀普請における細川家の労働力には百姓は動員されず、じつにのべ一〇万二五〇〇人もの「日雇《ひやとい》」（代銀三五五貫文）が充当されていたことが知られる（今村直樹「近世初期大名家による公儀普請と伊豆石丁場」）。

諸大名と公儀普請の人数を競い、国元から百姓を大勢動員して藩政を破綻させた加藤家は、改易の憂き目をみた。いままた各地の大名家がそのような状態に陥ったなら、百姓の経営は破壊され、困窮した家臣＝給人は給人地の百姓に恣意的《しいてき》支配を押し付け、地域行政は混乱し、忠利が掲げる「私なき」統治など永遠に実現不可能な絵空事へと堕ちてしまう。

忠利にとって家光の「天下」は、あくまで百姓あっての国家理性でなければならなかった。それは、村共同体を基盤とした地域社会に長年相対することで鍛えられたポスト戦国世代の「天下」論の要諦であった。

なお、忠利の諫言が眼目とした参勤・在府制の緩和は、寛永十二年武家諸法度の規定に反映された。そして公儀普請の方も、寛永十三年の江戸城普請を最後に大規模な城普請は実施されなくなった。忠利の諫言自体が幕政に直接反映されたか否かは今のところ実証不可能だけれども、忠利の認識と言動力を支える政治的人格の自立性の高さは、時代の象徴として注目されるべきレベルにあったといえるだろう。

だが、「下々の草臥」を「天下之大病・非道」と批判する忠利の危惧は、現実のものになる。この大病・非道は、家光が上洛した寛永十一年から一気に本格化するキリシタン禁教政策と相俟って、忠利の領国である肥後の目と鼻の先で、領主—百姓（村共同体）関係の根幹を破壊し始めていた。

細川家「御国家」の確立

「天下泰平」のもとで

島原・天草一揆と「天下泰平」

一揆勃発時の忠利

寛永十四年（一六三七）三月十二日に熊本を発った細川忠利《ただとし》は、閏三月九日に江戸に着き、長い在府生活に入ったが、程なくして体調を崩した。嫡子光尚《みつなお》の側衆《そばしゅう》に宛てた書状によれば、七、八〇日前から気分が悪い状態が続き、八月二十四日付で八月九日からは食事もできなくなったが、あの武田道安《たけだどうあん》の薬でやっと持ち直したと述べている（細二一―三八二三）。さらに、旧知の大坂町奉行曾我古祐《そがひさすけ》に宛てた九月十七日付の書状では、持病の痰《たん》・癪《しゃく》（神経痛）で食欲もすぐれないので登城せずに引籠っている、上様に御暇《おひま》を申請して鎌倉あたりで静養したいと伝えていた（同前三八三二）。忠利の申請は許可され、十月十六日には鎌倉に着き、入湯や灸などによって、しばらく養生に専念するはずであった（同前三八三九）。

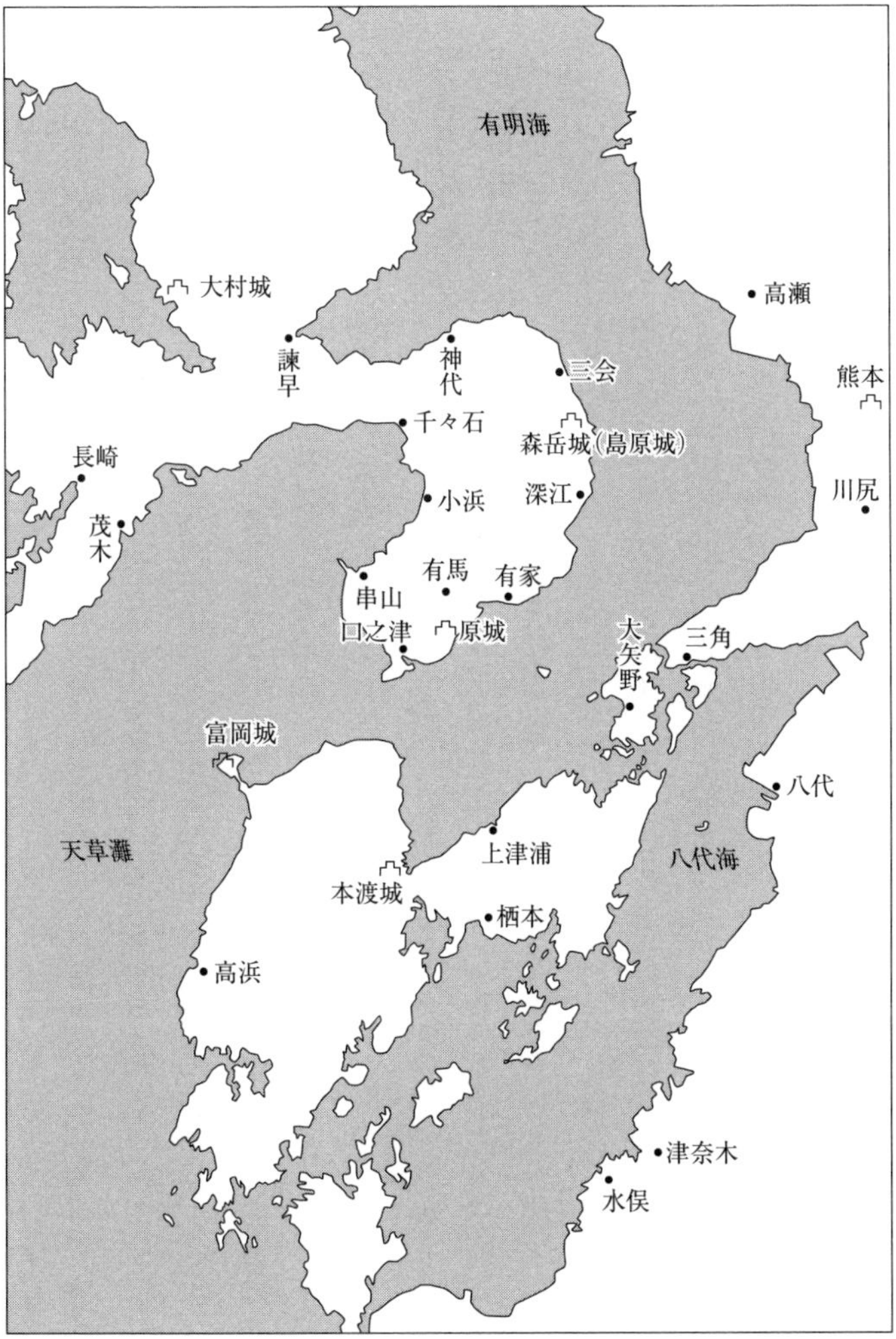

図21　島原・天草一揆関係図

ところが十一月十一日、忠利の静寂は無残にも破られる。島原・天草《あまくさ》での一揆勃発の知らせが届いたのだ（同前三八四四）。忠利は早くも十三日には幕閣《ばっかく》の土井利勝《どいとしかつ》に、熊本領と近接する天草に細川勢を差し向けたいと申し入れている（同前三八四八）。

忠利の申し入れが認められたのは、十一月末であった。細川勢が天草に渡ったのは十二月七日、次いで忠利の嫡子光尚が渡海したのは同十日。年が明けてから家光の命令で江戸を発った忠利が、一揆勢が籠城《ろうじょう》する南島原に着陣したのは、寛永十五年正月二十六日であった（細二二一―三九四七）。病をおしての出陣であった。

立ち上がりキリシタン百姓の一揆

島原での一揆の第一報は、島原藩主松倉《まつくら》家の家老衆《かろうしゅう》から近隣大名家に向けた書状によって伝えられた。十月二十七日付の熊本藩家老衆宛て文書（「松井家文書」原史料一九号）もその一つだ。

爰元《ここもと》百姓共きりしたん俄《にわか》ニ立あかり、一揆ノ仕合にて村々やきはらひ、城下ノ町迄昨日焼申候……下々ノ儀ニハ御座候へ共、凡人数五六千程御座候、

幕府の禁教政策によって仏教徒に改宗していた転びキリシタンらが突如としてキリシタンに戻り（「立ち上がり」）、五、六〇〇〇人もが一揆を結んで島原城下に押し寄せ放火に及んだというのである。一揆の基本構造を理解するために、まずは以下の点に注意が必要である。

第一に「一揆」という言葉である。江戸時代の百姓一揆は、百姓たちが大規模に結集して領主に訴状を提出し、その受用を求めて集団的示威行為を展開したが、特筆すべきことは、それでも武器行使を厳しく自制して人名損失を徹底して避けたことだ。非暴力的な訴願運動であるという点で、百姓一揆は戦国時代までの一揆とは異なるが故に、「強訴《ごうそ》」「徒党」等と呼ばれて、当時は「一揆」とは呼ばれていなかった（稲葉継陽『日本近世社会形成史論』）。教科書にも掲載されている「百姓一揆」という名称は、近代歴史学の研究上の概念に過ぎない。つまり島原藩の家老たちは、いきなり実力行使に及んだ島原・天草一揆を、近世ふうの訴願運動とは全く異なる戦国の一揆の再来だと捉えていたのである（神田千里『島原の乱』）。

第二は、島原・天草一揆が百姓身分の一揆でもあった点である。前述したように、寛永十二年には台風が九州を襲い、甚大な被害が出ていた（本書一八七頁）。寛永十三年夏は長雨で麦が根腐れし、六月の時点で、芦北《あしきた》郡の津奈木《つなぎ》一村で男女二六三人もが餓死寸前だと報告され、領主の御救いが求められていた（本書一六三頁）。島原でも松倉家が過分の未納年貢等を百姓に厳しく催促したため、百姓らは幕府から上使《じょうし》を派遣させ未納年貢免除の直訴を試みようとしてキリシタンに立ち帰ったのだという説が、当時から出ていたのである（原史料八五号）。島原の百姓たちが松倉家に対して未納年貢破棄の徳政要求を持っていたことは確かであろう。なお、当初に立ち上がり、一揆を主導したのは口之津《くちのつ》・有馬など島原半島南部（現長崎県南島原市）のキリシタン百姓であった（原史料二七号）。

一揆の特異性と重大性

このように島原・天草一揆の基底には、年貢納入者＝百姓としての身分的階級的要求と中世以来の一揆の伝統とが、確かに存在した。それを確認した上で、第三に重要なのは、キリシタンの「転び」と「立ち上がり」の問題である。十月二十八日、熊本藩家老らは島原の百姓から聞き取った情報を江戸家老に次のように伝えている（原史料三九号）。

この間、島原藩では藩主松倉長門守殿の指示でキリシタン禁制政策が厳しく推進されたため、村々の百姓のうち、心の内（「内證《ないしょう》」）では転んでいない者たちが申し合わせて一揆を起こし、村々をも放火し、島原城下町に火をかけ攻めている。

島原地域のキリシタンは、慶長期以来の幕府の禁令に表向きは従っても、「内證」すなわち実態は決して棄教したわけではなかった。そうした百姓らが松倉家による禁教政策の強化に反発して一揆を起こしたというのである。一揆後の四月、細川忠利はある幕臣に、「きりしたんハ、成帰り申と申候へハ済申と存候ツる、此度のことくニ候へハ、何を印ニ可仕様無候之間、すまぬ仏法と存候事」と書き送っていた（細二三―四三五八）。転んでも、また成り帰ると言いさえすればキリシタンに戻れてしまう。今度の一揆のようなことが起こっては、キリシタンを特定する方法はないも同然だといわざるをえない。根絶不可能な宗教（「すまぬ仏法」）だ。島原・天草一揆は、キリシタンの「転び」は仮の姿であって決して信用できないという強烈な認識を、支配階級に植え付けていたのであった。

問題は、この一揆が百姓の一揆であるとともにキリシタンの一揆であるが故に、江戸時代の国家・社会体制そのものを否定する性格を有していたことである。島原の一揆は当初から松倉家代官を殺害し、天草の一揆も寺澤家の富岡城代三宅藤兵衛らを殺害、寺社を焼き払い、キリシタンとして味方しない村々をも攻撃して焼き払った（原史料六〇、一一〇、四〇六号など）。一揆による暴力的な改宗強制である。そのため、熊本藩領には一揆に敵方と見做《みな》された非キリシタン百姓とその家族らが大勢逃亡した。寛永十四年十二月十六日の時点で、唐津《からつ》藩家老衆は熊本藩家老衆に、熊本藩領に立ち退いた天草の「百姓貴理師旦《キリシタン》ニて無御座もの」の返還を申し入れたほどであった（原史料八三〇号）。

一揆が起きてひと月ほどたった頃、天草須子《すじ》村（現天草市有明町）の百姓らは、寺澤家の天草支配はすでに「昔の事」であり、「今ハていうす（ゼウス）の御代にて候」と言い放ったという（原史料六九号）。武家支配の受容と百姓としての身分的階級的連帯とを、ともに否定する点に、島原・天草一揆の宗教一揆としての特異性と重大性が存した。島原一揆に直面した家光や忠利が、「昔の一向宗《いっこうしゅう》」を想起した（本書一一頁）のは当然であった。

大名の武力行使と幕府

一揆に対する幕藩側の対応はどうだったか。島原藩家老衆は城を攻撃された直後、十月二十七日付の書状（「松井家文書」原史料一九号）で「隣国之儀ニ御座候間、早速御加勢被成可被下候、奉頼存候」と述べて、佐賀や熊本など「隣国」の大名家に即時の「加勢」を要請した。あたかも戦国時代の大名領主どうしの軍事同盟を思わせる行動である。ところが諸藩はこれに応じず、豊後府内《ぶんごふない》（現大分市）にいる幕府の横目衆《よこめしゅう》を通じて江戸からの指示を得るまで動かなかった。細川忠利はその理由を関東のある旗本に宛てて次のように語っている（細二一―三八七六）。

百姓共嶋原之城へ取かけ候間、加勢則可仕候へ共、何篇之儀被仰出候御法度《ごはっと》ニ、江戸幷何之国ニおゐても縦《たとえ》何篇之事在之といふ共、在国之輩ハ其所を守て下知を可相待事、か様ニ御座候間、豊後御横目衆迄得御意候、

百姓が島原城を攻撃するという緊急事態に際して即時に「加勢」すべきだったが、将軍家が定めた「御法度」に、「江戸や諸国でどのような事件が発生したとしても、在国の大名領主は領地防衛に専念して、幕府からの指示（「下知」）を待つこと」と規定されているため、それに従ったというのである。

忠利の発言は寛永十二年（一六三五）武家諸法度《ぶけしょはっと》に新設された規定（第四条）を忠実に踏まえている。一揆関係史料を通覧すれば、同様の認識が当時九州大名たちに共有されて

いたことが分かる。一揆を発生させた大名領主による単独での対処義務を徹底させることで、戦国時代のような複数大名家による軍事力の私的な編成を抑止する。「天下泰平」の基礎を確立しようとする家光政権の法支配は、やはり相当に考え抜かれたものであった。

しかし、この規定は近隣大名の初動に決定的な立ち遅れをもたらした。忠利は十一月十八日の時点で、仙台藩主伊達忠宗《だてただむね》に次のように吐露していた（細二一―三八五五）。

関東迄得　御意《ぎょい》候内、昼寝仕居申候間、いか様之こしらへも可仕と申事候、いか様之事御座候共、無御下知人数出ス間敷由、去年之御法度ニ付而、乍存不罷成、豊後御横目衆まて数度相尋、加勢可仕由段々申候へとも、江戸へ可被得　御意之由付而、右之通、はなのさきにて仕度事を百姓仕候、可被成御推量候、

「江戸からの指示（「御意」）を待って『昼寝』している間に、一揆はどんな戦闘準備でも可能だろう。いかなる紛争が発生したとしても幕府の指示なく軍勢を出すな、という『御法度』の規定に従いながら、豊後御横目衆に加勢の必要性を何度も訴えたが、江戸へお伺いを立てるの一点張りだった。その間に『鼻の先』で一揆の百姓たちに籠城支度を許すことになった。伊達殿、この悔しさを想像してみて欲しい」。忠利の本音である。

分立割拠《かっきょ》する大名家の軍事力を将軍との主従制の枠内に管理することは、幕府権力維持のための最低限の条件であった。それなしには戦国時代へ逆戻りとなってしまう。しかし

法度の規定は、島原・天草一揆のような遠国での反体制的闘争への初動対処の足かせとなった。一揆は、この面からも幕藩体制の喉元に刃を突き付けたのであった。

原城の戦い　島原・天草の一揆衆は十一月末から有馬の原城《はらじょう》に籠城し、翌寛永十五年（一六三八）二月二十八日に落城するまで、幕府上使の指揮下で諸大名軍による城攻めが続いた。三月十四日の時点で細川忠利は、城内の人数「男女三万七千」を漏らさず殺害したと述べている（細二二―四二〇七）。籠城戦の経過は五野井隆史『島原の乱とキリシタン』をはじめとする先行研究に譲り、ここでは近世初期の戦争暴力の本質に関わる点をいくつか指摘しておこう。

細川家では落城の翌日つまり二月二十九日から、一般兵卒より戦功証明の自己申告書（「指出《さしだし》」）が家老衆へ続々と提出された。

二月二十七・二十八日の二ノ丸および本丸への乗り入れでは、「首数ハ切すて」（細二二―四〇九七）とされた。敵を倒して取った首はその場に投棄する原則である。戦国時代の一般兵卒は、戦争の政治上の目的を大名当主や家老たちと共有していたわけではない。一つでも多くの首を戦功の証として取り（「分捕《ぶんど》り」）、それを証拠にして恩賞と名誉を得るのが、彼らの唯一の戦闘動機であった。原城に乗り入れた武士たちも同様であったが、彼らには首を持ち帰ることは許されなかった。細川家主席家老松井家の武士たちの指出（熊本大学所蔵「松井家文書」四一〇七）では、戦功が次のように申告されている。
○敵と鑓《やり》を交えて首を取ったところに、討死した松井外記《げき》がやって来たので、その場で首を見せた。松井は「見事な手柄だ」と言ってくれた。その場には中川権内《ごんない》も一緒におり、彼が証人になるので、このとおり戦功を申告するものだ。（中村小左衛門）
○敵を突き倒して首を取り、敵の鑓も取った。一部始終を同僚たち（「傍輩共」）が見ていたはずだ。ことに入江三太夫《さんだゆう》がよく見ていた。（中川権内）
○二ノ丸へ乗り込んで……敵を仕留めた験《しるし》に鼻を取った。その後、また敵が一人逃げるのを追いかけて、これも鼻を取った……二ノ丸での手柄の証人として鍋嶋殿の軍にいた牢人と言葉を交わしたが、彼の名字《みようじ》を失念してしまった……以上の通り申告するものだ。（山田新丞）

「切捨」とは、中世後期に合戦が大規模化・乱戦化し、取った首を兵卒たちが持ち歩くことが戦闘継続の妨げとなった段階で採用された方式で、中村小左衛門や中川権内が申告しているように、首を取る場面を同僚に見せて、恩賞申請の証人になってもらう必要があった。しかし、乱戦の渦中では必ずしも証人が得られるとは限らない。山田新丞の申告はそうしたケースで、彼は次善の策として、倒した敵の首から鼻を削ぎ取って、戦功の証に持ち帰った。鼻の二つくらいなら、懐《ふところ》に入れても邪魔にはならない。じつは鼻削ぎも、戦争遂行のために戦国の世に編みだされた恐るべき武士の作法であった。

このように幕府・大名軍の武士たちは、原城で一揆勢の首や鼻を取ることに熱中し、首尾よく手柄を立てた者は知行俸禄加増の恩恵に浴した。原城本丸付近の発掘調査によって、頭部や四肢が切断され、大腿骨に刀傷がある遺骨が多数発掘されている（服部英雄・千田嘉博・宮武正登『原城と島原の乱』）。キリシタンが妖術によって生き返ることを恐れた幕府軍による遺体損壊行為を示すものだと解釈する向きもあるが、武士たちの目的はあくまで首ないし鼻であって、指出にも相手がキリシタンであるが故の特殊な行為は表現されていない。首を落とすに際して逃げられないように、また抵抗されないように、まず四肢にダメージを与えた痕跡ではないだろうか。武士が行使する戦争暴力の本質に迫るためには、文献史料研究とともに原城からの出土資料をさらに検討する必要がある。

ところで、原城には厖大な人数の武士が集結し、三ヵ月間にわたって宿営した。忠利が二月半ばに大名仲間に書き送った書状によると、原城付近には、にわかに町が形成されるありさまで、長崎から商人たちが「金襴段子《きんらんどんす》」を持ち込んで大名に売り付け、大儲けして帰ったという（細二二―三九八〇）。また、方々から商人が食料を売りに来るので、幕府から兵粮米《ひょうろうまい》の配給はまだないけれど、食べ物には一向に困らない、とも言っている（同前三九九九）。じつに原城は、〝死の商人〟の稼ぎ場となっていた。

一揆勢の全滅は「殉教《じゅんきょう》」であったか。それを判断する見識を筆者は持たない。しかし、籠城勢、戦場に群がる死の商人たち、その商人からこの期とばかりに奢侈品《しゃしひん》を大量購入する大名たち、そして血眼《ちまなこ》で首や鼻をあさる名もなき武士たち。寛永十五年はじめに原城に吸い寄せられた彼らの行動は、悲しいほど嚙み合っていない。

これこそが、「天下泰平」が破れた世界の現実であった。戦争は思想と宗教を破壊する。やはりそれは徹底して即物的な根拠によって、人々を暴力と頽廃《たいはい》の極北へと引きずり込むのである。

キリシタン百姓と地域社会

前述のように忠利は、キリシタンの棄教の見極めは困難であり、「すまぬ仏法」である、すなわちキリシタン問題は長く解決しないだろう、と述べていた（細川一二三―四三五八）。幕府禁教令をうけた九州諸藩の禁制政策は、いかなる実態を伴うものであったのか。

主席家老松井家には、慶長十九年（一六一四）春に、前年の幕府禁教令をうけて、当時の細川家領で実施されたキリシタン改《あらため》に際して、豊前《ぶぜん》国下毛《しもげ》郡・豊後国速見《はやみ》郡のキリシタンらから提出された、①転び証文など二八通と、②それらをもとに担当奉行が作成した「下毛郡伴天連《ばてれん》門徒御改帳」が伝来している（以下、本項の「松井家文書」はいずれも川口恭子「きりしたんころび証文」）。②の末尾によると、転びの一郡総人数は一二六人、提出された道具は「御影」四四をはじめとして一三三にものぼった。①の転び証文の典型的な一例を示す。

宮永《みやなが》村浄珍、三衛門、善五郎、又三郎、新左衛門、佐介、惣五郎、はてれんもんと（伴天連門徒）ころひ申候而、即禅・一向宗ニ罷成、中津《なかつ》寿福寺・正行寺へまいり申候、為堅我等請人ニ罷立候、以来於相違仕ニ者、御法度可被　仰付候、仍為堅一筆如件、

慶長拾九年二月廿三日　　右七人ノ請

庄屋　喜兵衛（花押）

惣庄屋《そうじょうや》　蠣瀬《かきぜ》新五兵衛（花押）

蘆田《あしだ》与兵衛殿

魚住万五郎殿

宮永村（現大分県中津市）では浄珍以下七名の転びが出たが、この担当奉行宛ての証文に転びの事実を保証する請人＝法的責任者として署判しているのは、宮永村の庄屋と、当該手永《てなが》の惣庄屋である。当時の下毛郡には一四人の惣庄屋が存在した。しかし別の証文によれば、驚くべきことにこの証文の蠣瀬を含む一四人中一三人の惣庄屋がキリシタンで、二月二十五日付で転んだ者たちであった。この証文作成の時点では、まだ惣庄屋の蠣瀬本人が転んでいないのである。この地域はかつてキリシタン大名大友氏の領国であったから、

キリスト教信仰は彼らに深く根づいていたであろう。そんな惣庄屋たちが百姓らの棄教を実質的に保障することができたとは思えない。

一方で藩側は、村庄屋に門徒改請負いの起請文《きしょうもん》を提出させている。三月四日付で光永《みつなが》村（現大分県由布市）の庄屋らが提出した起請文には、「速見郡中の伴天連門徒禁制の命令を受けて、勿論念を入れて調査して一覧文書を作成します。依怙贔屓《えこひいき》はせず、一人たりとも見逃し聞き逃しは致しません」と記されている。このようにキリシタン改は、一次的には村庄屋の責任で各村において実施された。つまり、村請の宗門改である。しかし、同じく「松井家文書」中の豊後国由布院《ゆふいん》の転び証文によれば、村請の法的責任者である村庄屋や肝煎《きもいり》の大半もまた、キリシタンだったことが分かるのだ。

本書で繰り返し述べたように、小倉藩・熊本藩惣庄屋の管轄範囲は「手永」と呼ばれ、藩政の基本単位であったが、それは戦国時代に形成された実体ある地域社会に基づく制度であった。村もまた近世社会の基礎単位として年貢納入や領主法の執行を請負うが、同時に自治的組織（村共同体）でもあり、庄屋は村住民でありながら村の自治と領主とをつなぐ役人であった。細川家老と郡奉行が幕府禁教令を自領に適用するには、村に請負わせ庄屋と惣庄屋に担保させるしか方法はなかったのである。こうした状況は、島原領や天草領でも大差なかったであろう。

戦国時代に自治的な村共同体が形成されたとき、村の掟とともに、領主法令で指示される業務の多くをも村が担う社会体制が成立した。だが、領主階級に固有の利害を実現するための領主法令は、村や地域で実質的には遵守《じゅんしゅ》されずとも、領主に対する建前上「違法」化が回避されてさえいれば、問題にはならなかった（水本邦彦『近世の郷村自治と行政』）。ここに、村人でもある百姓キリシタンを村共同体が管理し、領主法のレベルから隔離して温存する体制が必然化される。

島原・天草一揆における「立ち上がり」キリシタンの大量出現と、宗門改体制のもとで脈々と続いた「潜伏キリシタン」の存在は、自治的であるとともに体制的でもあった村共同体との関係で理解されねばならない。

「天下泰平」と一揆

前述のように忠利は、気心の知れた伊達忠宗に対してではあるが、武家諸法度第四条の加勢禁止規定にあからさまな不満を表明していた。一揆への対処の遅れが招いた損害と、忠利に代表される不満は、幕府を動かした。寛永十五年（一六三八）五月、幕府は諸大名を江戸城に召し寄せ、武家諸法度第四条等の運用規定の改訂を通達したのである。これは一般的に一揆鎮圧を契機とした幕藩権力の強化策とみられているが、はたしてそうか。細川家の公式家譜『綿考輯録《めんこうしゅうろく》』五月十五日条（巻四十九）は、幕命の趣旨を記したリアルタイムの「覚」を引用している。該当部分を示そう。

先年被仰渡候御法度書ニ、何之国ニおゐて何篇之事雖有之、江戸江致言上可相計之旨、被仰出候キ、今以同前之儀ニ候、然共今度嶋原表のことく、対　上様御法度を背、慮《りよ》外《がい》を動候族有之ハ、遠国《おんごく》之儀は江戸へ不及申上儀ニ候間、急度《きっと》可申付候、小身之輩手ニ余候ハヽ、近国之者共申合せ可申付候事、

法度の第四条自体には変更を加えない。ただ、①今度の島原一揆のように幕府の法支配（「上様御法度」）を公然と覆す不当行為が発生した場合に限って、②またそれが「遠国」である場合に限って、当該大名は江戸に伺いを立てずに対処せよ。③さらに当事者が小大名で手に余る場合に限って、近国大名と協力して対処せよ。これが新運用規定の中身であり、将軍の命なき大名軍の加勢は、なお三重の条件をクリアした特殊緊急事態に限られたのである。島原・天草一揆を経験してもなお、幕府は民衆運動一般を軍事力で押さえ付ける方向に安易に舵を切ったわけではなかったのだ。

さらに興味深いことに、忠利は一揆鎮圧後ひと月余り後に、ある旗本に向けて次のように書いていた（細二三―四三五八）。

此次而ニ百姓の武具ハ何も〳〵取候而置申度候、左候ハヽ、か様之事仕かね可申と存候、如何〳〵、

「この際、百姓の所有する武器はすべて没収してしまいたい。そうすれば、今度のような一揆は起こせないはずだから。どうだろうか」。豊臣秀吉の刀狩令は百姓の武装解除を実現せず、江戸時代の百姓は刀・鑓・鉄炮等の各種武器を所有しているのが当たり前であった事実（藤木久志『刀狩り』）が、この忠利の発言からも確認される。しかし、より重要なことは、原城本丸に乗り入れ一揆の実態を目の当たりにした忠利の願望にもかかわらず、百姓からの大規模な武器没収政策が実施された形跡は、江戸時代を通じて、ただの一度もないという事実である。それでも「今度のような一揆」は幕末までついに起きなかった。

無際限な軍事力強化による威嚇《いかく》や百姓の武装解除がなされずとも、一揆は非暴力的な訴願運動（「百姓一揆」）へと生まれ変わり、非暴力は幕末まで二〇〇年間以上にわたって維持された。それは、村共同体と地域社会が百姓の信仰形態や武器の使用を自己統治力によって長期管理し続けたことを意味している。百姓が一揆に逆戻りしない限り、幕藩領主側も武器行使の正当性を得ることはできなかった。「天下泰平」の内実である。

百姓は二度と島原・天草一揆へは戻れなかった。しかし圧政によって戻れなかったわけではない。百姓と武士が武器行使を長期にわたって自己規制した事実の背景に、日本近世社会における平和的価値の一貫した尊重と発展こそを読み取るべきであろう。その意味で島原・天草一揆は、〝最後の一揆〟として長く記憶され続けたのであった。

忠利の死と熊本藩「御国家」

三斎隠居家の動向

肥後《ひご》国替えに際して中津《なかつ》から八代《やつしろ》に入った三斎《さんさい》は、中津時代と同様に、八代城を拠点とした隠居領の独自支配と家臣団知行地《ちぎょうち》を維持していた。三斎自身の書状によれば、その規模は、三斎隠居領三万七〇〇〇石に、「城付之者」と呼ばれる三斎付の家臣の知行合計四万七〇七〇石、それに三斎隠居家の家老長岡《ながおか》河内守《かわちのかみ》の知行一万石、合計じつに九万四〇七〇石に達していた（細五―一〇六五）。

しかも、小倉《こくら》藩時代と同様に、熊本家中と八代家中の対立も深刻であった。たとえば、肥後阿蘇氏の出身で幼少時に細川幽斎《ゆうさい》に見出され、右筆《ゆうひつ》・故実家《こじつか》として三斎に長く仕えた竹原玄可《たけはらげんか》は、病気と度重なる三斎参勤への御供の負担に耐えかね、寛永十二年（一六三五）に御暇《おひま》を申請したところ、三斎から「越中《（忠利）》へ内通」していると言いがかり

図22　八代城天守台

をつけられ、釈明の起《き》請文《しょうもん》を書かねばならなかった（一〇八・二五十二番二・三）。また、島原・天草一揆に際して三斎は、溺愛する四男立允《りゅういん》（立孝《たつたか》、知行高三万石）の出陣に執拗にこだわり、忠利と対立した。三斎の狙いは、立允の存在を八代隠居家の後継者として将軍にアピールすることであった（林千寿「総論 天草・島原の乱」）。

寛永十六年二月、三斎は忠利に相談せぬまま隠居家督を立允に譲り、自身が上洛した上で、立允を将軍拝謁のため江戸に向かわせた。それは三斎隠居領・立允領の分藩化の働きかけにほかならない。そのため、在府中の忠利は江戸で三斎・幕府と交渉せざるをえなくなり、立允には自身の知行三万石に三斎死後にはその隠居領三万石を加えて相続させる条件で、どうにか三

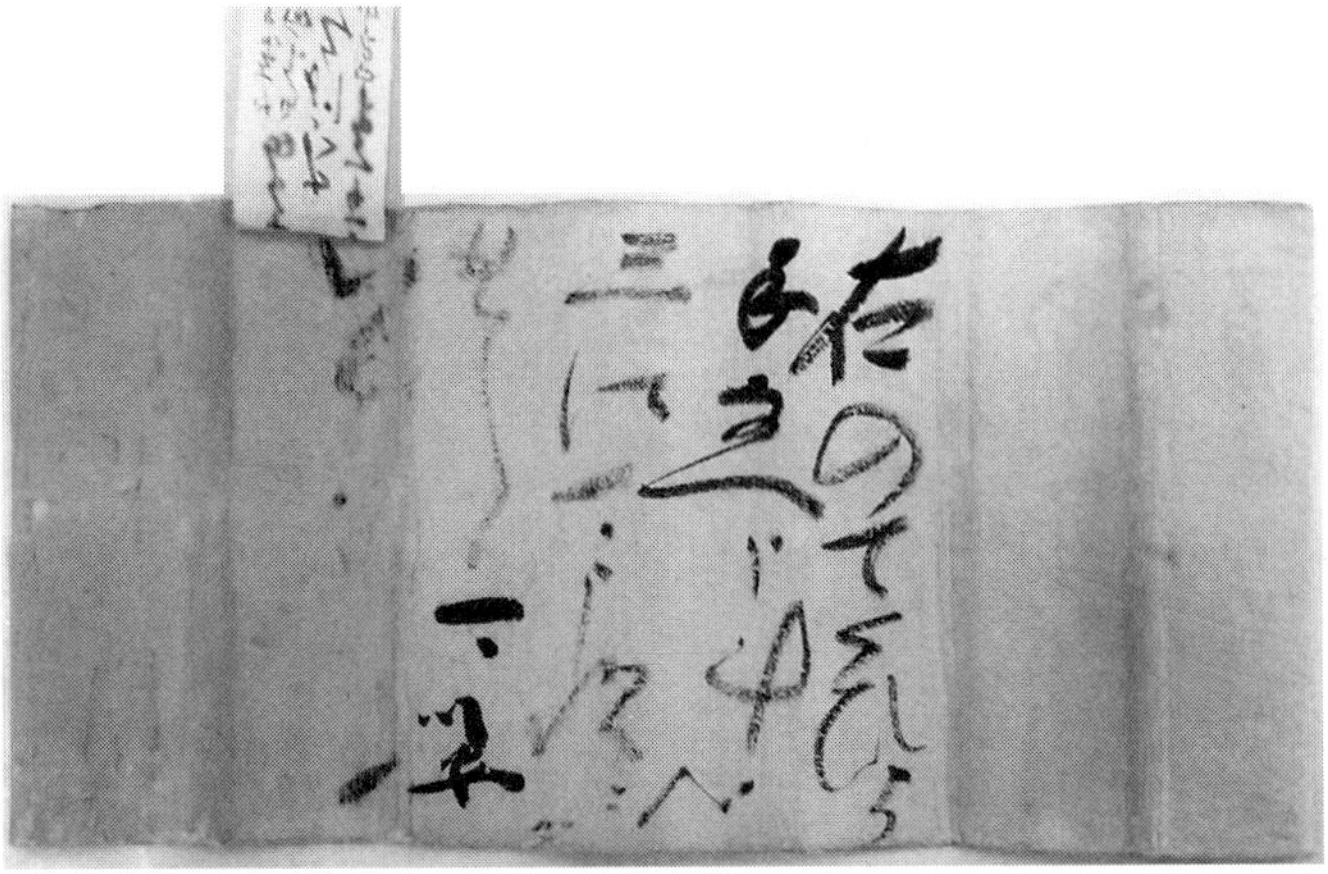

図23　（寛永18年３月10日）細川忠利絶筆（公益財団法人永青文庫蔵，熊本大学附属図書館寄託）

斎を「満足」させることに成功し、分藩化の策動をかろうじて封じ込めたのだった（細二五―五三八九）。

忠利と、確立しつつあった熊本藩政、そして細川の「御家」にとって、三斎隠居領と三斎付家臣団の存在は、いまだ大きな悩みの種であった。

忠利の急死と御家騒動の危機

ところが寛永十八年（一六四一）三月十七日、三斎らに先立って忠利が死去してしまう。

本書でも度々触れたように、かねてから病気がちではあったが、寛永十七年六月に熊本に戻った忠利は、肥後山鹿《やまが》（現熊本県山鹿市）で湯治《とうじ》するなどして体調を維持し、この年明けまで参勤出立の準備をしていた。急死である。

江戸にいた後継者の光尚《みつなお》に宛てた書状を見ると、二月初旬からにわかに体調を崩している。下腹部の激痛、意識朦朧《もうろう》、足および右腕の麻痺。二月末には排尿困難に陥っている。そして三月七日からは下血が始まる。病状を光尚に伝えた三月十日付の書状（細一五―一四一二）の紙裏に記した次の文言（図23）が、忠利の絶筆となった。

右のてくひ《（手首）》ゟ手なへ申計《ばかり》ニ候、しに可申様ニハ無之候、可心安候、以上、

右の手は萎えて、こんな字しか書けないが、死ぬような病状ではない。安心しなさい。

光尚本人や家臣らの動揺を抑えながら、なんとしても参勤して光尚に今後を託そうとの思いだったのだろう。最期まで忠利らしい手紙である。享年五六歳であった。

三月十七日に忠利が死去してから、五四万石の相続を幕府に認められた光尚が熊本に入る六月半ばまで、細川家は混乱に見舞われた。これ以後、家老・重臣から小姓頭、右筆までが、光尚の側近や家老に宛てて次々と血判《けつぱん》起請文《きしょうもん》を提出した。現存する起請文は寛永十八年のうちに提出された分だけでも三八通に及ぶ。

以下、三・四月段階の起請文のうちで注目される記述を現代語訳して列挙してみよう。

知行高一〇〇〇石で組頭の丹羽《にわ》亀丞《かめのじょう》らをはじめとする重臣らの起請文である。

○光尚様にとって悪しき情報を得たら、即刻、家老の松井佐渡守《さどのかみ》殿・沢村宇右《う》衛《え》

門　尉《もんのじょう》殿まで報告する。三斎様へはあらゆる面で少しも通じたりはしない。
（三月二十六日　丹羽亀丞等三名から家老宛て　叢書一九三号）

○自分は忠利様の代から三斎様とは決して通じていなかったし、これからもその覚悟だ。忠利様が死去してから、熊本の様子が三斎様へ筒抜けになっているとのことだが、かつて三斎様近くに仕えていた自分が機密情報を流しているのではないかと光尚様から疑われてしまったら「迷惑」であるから、こうして起請文を提出する。
（同前、坂崎内膳正から光尚側衆・家老宛て　叢書一九四号）

○「八代様」（三斎）へはかつて通じたことはなかったし、今後もどのような事情が生じたとしても、「内証之通路」はしない。
（四月十九日　藤崎喜八郎から光尚側衆宛て　叢書一九九号）

起請文は、家臣たちが三斎とは過去も通じていなかったし未来も決して通じないと誓う、緊張に満ちた文言に埋め尽くされていた。熊本には家中要職者に確認させる「万事御隠密御目録」までもが存在していたとされるが（叢書二三八号）、まさに「御家」は騒動寸前の緊張状況の中に置かれていた。主席家老の松井興長《おきなが》が忠利急死の一一日後に光尚御側　衆《おそばしゅう》に提出した起請文（叢書一九七号）は、こうした状況を家中のトップが表現したものとして興味深い。文中に見える宇右衛門尉は松井一族で、家老の一人沢村大学《だいがく》の養子となり、沢村家を継承した人物である。

拙者儀、対　肥後様へ毛頭如在ニ存儀ニて無之候、第一御家之儀、此度大事之義と存候、貴様如御存知、我人心を置、目くらへの様ニ相見へ候ゆへ、何事も心を置中躰ニ候、八代之儀、みな〳〵心ニ在之躰ニ候、宇右衛門尉・拙者儀者、万事一心ニ、此度肥後様御為可然様ニ、忠利様御ゆいこん（遺言）、少もちかい無之様ニと申談候、三斎様我々を御にくミ（憎）候事ハ、大方江戸之衆も、御出入被仕候ほと之衆ハ御存之事ニ候、

興長は、自分は光尚（「肥後様」）へ決して疎略にしないと誓った上で、こう述べる。この状況下での忠利の急死は、「御家」の「大事」である。熊本家中では家臣たちがお互いを警戒しあい（「我人心を置」）、にらみ合っているような状況（「目くらべ」）にあるが、その根底にあるのが八代問題である。自分と沢村宇右衛門尉は、万事について心を一つにして、ただ「肥後様」（光尚）の家督継承のために、忠利の遺言に少しも違わないよう事を運ぶべく談合している。しかし、三斎が熊本の自分たち家老衆を憎んでいることは、幕閣にも細川家出入りの者たちにも、ひろく知れ渡っている。これは光尚の家督相続実現にとって不都合である。

三斎の存在は、「御家」を不安定化から解体へと導く要因だと認識されていた。このとき細川家中は混乱の極みに達していたといってよい。幕府と交渉して隠居家の立允への相

続を実現させてしまった実力を有する三斎が、光尚の家督相続に関して幕府に何を申し出るか。三斎—立允家の別相続すなわち分藩化を主張する可能性があった。しかし、熊本家老衆との感情的ともいえる対立があっては、三斎の行動はコントロール不能であった。

光尚の家督相続と熊本家中の団体的集中

五月五日、江戸にあった光尚は老中から酒井忠勝《さかいただかつ》の屋敷に呼び出され、家光の上使《じょうし》松平信綱《まつだいらのぶつな》・阿部忠秋《あべただあき》から忠利の遺領相続を許可する旨、伝えられた。細川家の公式家譜『綿考輯録《めんこうしゅうろく》』巻五十九には、光尚自身が国元の家老衆にその第一報を知らせた書状が収録されている。

越中様跡式（職）無相違被　仰付との　上意ニ候間、心安可存候、其元家中之者共ニ可申聞ス候、則明日登城可仕　上意ニ而、明日登城候、此状八代江急度《きっと》可遣候、

忠利（「越中様」）の「跡職」、つまり熊本藩五四万石の一円相続を許可する上意が出たから、家老衆は心安く存ぜよ。そしてそれを「其元」すなわち熊本の「家中之者共」に即時にあまねく伝達せよ。こうした表現からは、五四万石の一円相続が幕府の既定路線だとは、光尚自身が必ずしも考えていなかったことが窺われる。さらに末尾には、この書状を熊本から至急八代に転送するよう特記されている。光尚が相続問題に関する三斎の言動に神経をとがらせ、三斎による分藩化の動きを封印しようとしていたことが暗示されている。

さて、光尚は六月十四日に熊本に入り、九月末に参府出立するまで国元での代替りの礼

儀等を執行している。そして七月以降、光尚体制を支える旨を誓約した血判起請文が次々と提出された（叢書二〇三～二六〇号）。提出者は次のような役職者や部局付役人に及んだ。家老、近習《きんじゅう》、江戸詰め家臣、御所帯方役人、奉行所横目《よこめ》、御茶道方、御料理方、御伽衆《おとぎしゅう》、組頭、医師、下屋敷御留守居役《おるすい》、薬師、軍師、鶴崎奉行、側用人、御毒見役、御台所方《みだいどころ》、江戸留守中御目付、右筆、御郡方奉行、兵法指南役、側廻衆《そばまわりしゅう》、京都詰衆、江戸御買物奉行、惣奉行、御郡之惣奉行、町奉行、御目付役、以上である。家政・行政機構上の要職者全般に及んでいる。提出された起請文は、これら家臣＝役人が御家の危機に際して当主光尚に忠誠を誓った証として、保存された。

そのうち、光尚の御料理役についた稲生七郎兵衛《いのうしちろうべえ》が十一月十八日付で提出した起請文（叢書二一六号）の内容は、驚くべきものであった。

私は前々から三斎様のところへ出入りしていました。「下々」では、そのような者が光尚様の御食物に関係するのは心配だと噂されています。にもかかわらず、御料理役に採用されたのは、大変ありがたいことです。三斎様へ心変わりすることは毛頭ございません。光尚様の御食物には、不審な「御毒がましき物」は決して上げません。御食物について不審な行動をとる者には直接注意し、様子次第では光尚様の側近へ報告します。

代替りを経てもなお、三斎の差し金によって光尚に毒が盛られる可能性があったというのだから、相互不信の根深さは尋常ではなかったのだ。

七月段階に提出された血判起請文には、次のような特徴的な表現が見られる。

○私の祖母は以前から「八代様」（三斎）へ御目見えして御側近くに仕えている。それについて、光尚様に関する情報は三斎様へ決して聞かせないようにする。勿論、以前から光尚様御側の「御内証がましき儀」（機密事項）を祖母に語ったことはない。

（七月十二日　成海権佐から細川光尚側衆宛て　叢書二〇四号）

○三斎様に私のいとこの魚住万五郎という者が御奉公している。この者の母つまり私の叔母も、同様に三斎様に仕えている。この二人には、光尚様御側のご様子、善悪の噂など、絶対に話さない。

（七月十四日　続亀助から細川光尚側衆宛て　叢書二〇五号）

○過去、中津に三斎様が隠居なされてから現在にいたるまで、あらゆることについて一切通じたことはない。このように起請文を提出したこと自体、他人には明かさない。

（七月十六日　続次太夫他五名から光尚側用人宛て　叢書二〇六号）

熊本と八代の対立は、光尚の家督一円相続によっても解消されたわけではなかった。光尚在国中には、三斎との縁が深い家臣たちが起請文を提出したものとみられる。三斎に仕える自分の親族・親類たちには決して通じず、熊本の当主光尚の周辺情報を話すようなことは絶対にしない。それどころか、自分は細川家肥後国替え以前の三斎中津時代から現在まで、三斎とは一切通じたことはない、とまで誓う者もいた。ここには、熊本家臣団の八代衆に対する敵対意識、あるいは八代と通じているとの疑惑をかけられることへの家臣たちの恐怖感さえ読み取ることができる。

こうして、熊本の細川家臣団には、八代との対立を梃子《てこ》にした団体的な集中が実現されようとしていた。

三斎・立允の死去と隠居家の解体

当主光尚の体制が固められつつも、八代との緊張関係が極限に達しようとするなか、正保二年（一六四五）閏五月に、かねて病弱だった立允が死去し、同年十二月に三斎が、相次いで死去した。

三斎の遺書には、自身の無役知行地三万七〇〇〇石と立允の遺領三万石とを併せて、立允の子息行孝《ゆきたか》（宮松《みやまつ》）に譲るよう記されていたとみられる。しかし在府していた光尚は書状で家老衆と密に連絡を取りながら幕府老中衆との調整を重ねた。そして翌年六月、行孝に立允の遺領三万石のみを相続させ、八代から宇土《うと》へと移封させることが幕府に承認され、次いで光尚は、八代城には城代として主席家老の松井興長を入れることを表明した。こうして、三斎隠居家・隠居領の解体再編による危機回避がなされたのであった（『新宇土市史　通史編第二巻』）。

七月二日、三斎側近の右筆だった田代久右衛門尉は、三斎隠居家の家老長岡河内守（村上景則《かげのり》）らに宛てて御暇伺《おひまうかがい》を提出し、次のように述べていた（叢書一七七号）。

自分は二三年間、三斎様の右筆を務めてきた。その間、どうにかして一度は「立身」を遂《と》げようと、昼夜出精してきたが、近年は三斎様が「何事も御失念」がちになり、長年の望みは叶わない状況となって、奉公する気力を失った。こんな自分では宮松様への御奉公は不可能である。御暇を頂きたい。

織田信長のもとで初陣を遂げて以来、あらゆる戦陣に臨み、三代の将軍にまみえた細川忠興。その末期のありさまを伝える一史料である。

戦国型家老細川家を去る

このとき、三斎の中津隠居いらい臣従してきた者を含む二八人もの三斎付家臣が細川家を離れた（一〇八・二五十二番）。八代隠居家の家老長岡河内守もその一人である。河内は本名を村上景則といい、小早川《こばやかわ》・毛利《もうり》家に仕えた村上水軍の一族で、大坂陣以来、三斎に仕えて寵愛を受けた。彼が七月二十日付で本藩家老らに提出した三ヵ条の御暇伺（叢書一七八号）は、この時代の武士の奉公観の一典型を示すものとして興味深い。

河内は、「自分が三斎様の隠居にお供して忠利様には奉公しないと意思表示し、実際にそのようにしたことは、公儀の御奉行衆も知っているのだから、いまさら光尚様が自分を熊本に召し出されるはずはなく、自分の仕官を拒否されるのも当然である」、と述べた後、次のように記す。

一、妙解院（忠利）様御代ニ私参上不仕わけ、色々御座候得共、事永ク御座候間、有増申上候、三斎様私ニ御懇《ねんごろ》ニ御座候故、小倉より中津江御隠居之刻、せめての御奉公ニ御隠居之御供仕、御一世者御奉公仕度奉存候、御手せばニ被為成候間、縦《たとえ》御さうり（草履）取御一人之御仕合ニ御座候共、其御さうり取を仕可申覚語（悟）ニ御座候由申上、御供仕中候間、妙解院様江参上不仕候事、

河内は言う。「忠利様への代替りに際して、自分が忠利様には奉公せず、隠居した忠興（三斎）様に従った理由には、さまざまな事情があり、長くなるので、あらましだけ申し上げる。三斎様は自分の主君として懇ろにしてくださったので、小倉から中津へ隠居されるときには、精一杯の御奉公として御隠居の御供をして、三斎の終生を通じて御奉公する道を選んだのだ。三斎様の所帯が小さくなり、たとえ御草履取《おぞうりとり》一人しか奉公できない状況になったとしても、その御草履取を自分が務める覚悟を申し上げて御供したので、忠利様のもとには参上しなかった」。そして第三条では、きっぱりと御暇を下されば忝《かたじけな》い、光

尚様によろしく上申してほしいと記す。

ここには、自分が奉公する対象は三斎ただ一人であり、そのもとでこそ従者としての自己を実現しようという思想がみられる。河内が重視したのは、三斎との長年の人格的関係であった。戦場で命の危険をかえりみず、主君の指示に迅速に対応して行動することができる者こそが、十六世紀の大名家にとってはすぐれた家老であり、当主には、生きるか死ぬかギリギリの合戦で家老・重臣衆を適切に動かし得る力量が要求されたのである。こうした状況で、当主と家老との間に不可分の人格的関係が形成されるのは当然であり、河内にとって、隠居する三斎に追従するよりほかの選択肢は存在しなかったのであった。信長のもとで初陣をかざり、天正十年（一五八二）の「本能寺の変」に際して代替りし、大坂陣までのあらゆる合戦、長期動員を経験して生き残ってきた忠興と、その世代の武士たちに典型的な奉公観であった。

奉公の対象としての「御国家」

一方、松井興長・有吉英貴《ありよしひでたか》をはじめとする熊本の家老衆六名は、すでに寛永十八年（一六四二）の光尚代始めに際して連署血判《れんしょけつぱん》し、光尚に五ヵ条の起請文を提出していた（叢書二〇八号）。その第二条～五条は、新藩主光尚に忠誠を誓う定式化された文言である。ここで問題にすべきは次に示す第一条である。

一、御国家之儀、大事ニ可奉存候、随分御仕置等之儀、常々油断仕間敷候、殊更致贔《ひい》屓《き》偏《へん》頗《ぱ》、御影くらき事仕間敷事、

家老衆はこう誓っている。私たちは「御国家」のことを「大事」と位置づけ、立派な統治を実現するために、常に精一杯務め、不公平な権限行使（「贔屓偏頗」）を排し、隠れて不正は働かない。

また、正保二年（一六四五）二月九日に、光尚のもとで奉行に任じられた奥田権左衛門・西郡要人佐《にしごおりかなめのすけ》・堀江勘兵衛の三名から連署血判で家老衆に提出された起請文（叢書二五四号、図24）の第一条にも、次のようにある。

一、御奉行被　仰付上者、御国家之儀を大事奉存、諸事不立私、御為可然様ニ覚悟可仕事、

彼らは、奉行職を拝命したからには「御国家」を「大事」と認識し、決して「私」を立てずに、光尚と「御国家」のために適切な職務遂行態度をとる、と誓約していたのである。彼らにとっての奉公の対象は、まさに「御国家」であった。

「御国家」とは、細川の「御家」の組織と、統治の対象である「御国」（領国）とを合わせた概念である。主君個人のためではなく、御家と領国の永続のために、畳の上での奉公に命を懸ける。家老衆・奉行衆として藩政と幕藩関係を合議制的に運営する重臣たちは、

みずからが所属する組織である「御家」の永続と、さらに藩政運営の管理統率者として「御国」すなわち領国の地域社会の再生産に寄与するものとして、奉公の意味を自己規定している。

このように、三斎隠居家の家老と熊本本藩の家老・奉行の奉公観を比べれば、両者は著しい対照をなすとともに、前者から後者への移行の画期が寛永・正保期にあったことが理解される。織田信長に取り立てられた細川家の近世国持《くにもち》大名家としての完成形態を、一六四〇年代に見出すことが可能である。

ポスト戦国世代「御国家」の特質

忠利亡きあと、三斎隠居家との対立の中で、家老・奉行衆の起請文中に奉公の対象として明示されるにいたる「御国家」。だが、すでに寛永十三年（一六三六）正月に、忠利自身が地域行政の現場で権限を行使する役人らの職務態度について、こう明言していたことを思い出していただきたい（本書一七四頁）。

御蔵納代官・郡奉行・惣庄屋らは、「私なき様に」職務にあたることが肝要である。個々の役人の不届きは、本来は「其身一分」の問題なのであるが、細川家による領国支配のあり方は隣国からも注目され、したがって将軍の知るところにもなるのだから、役人が「下々」を私的な権限行使によって苦しめるのは「国のため家の為」のレベル

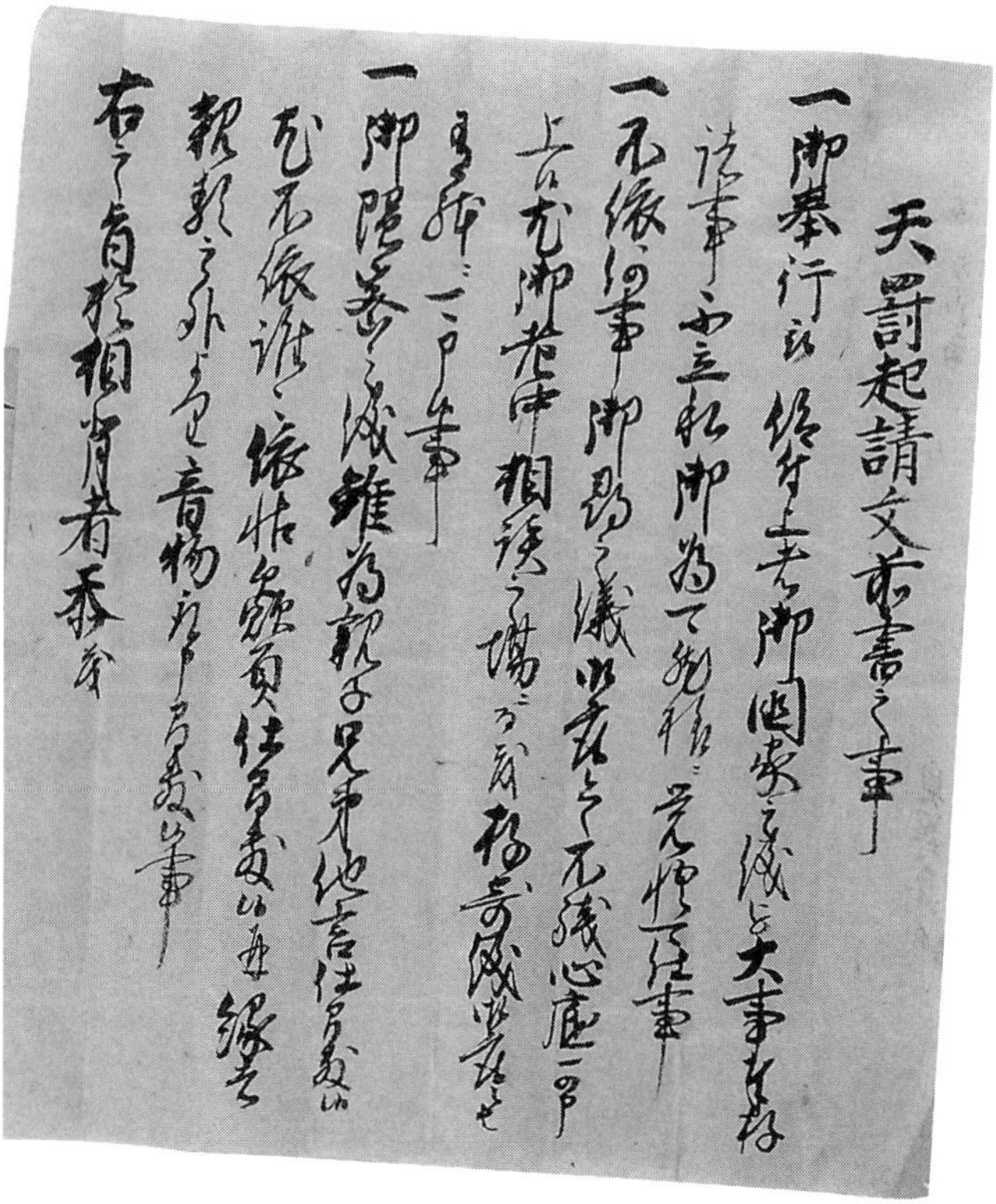

起請文（公益財団法人永青文庫蔵，熊本大学附属図書館寄託）

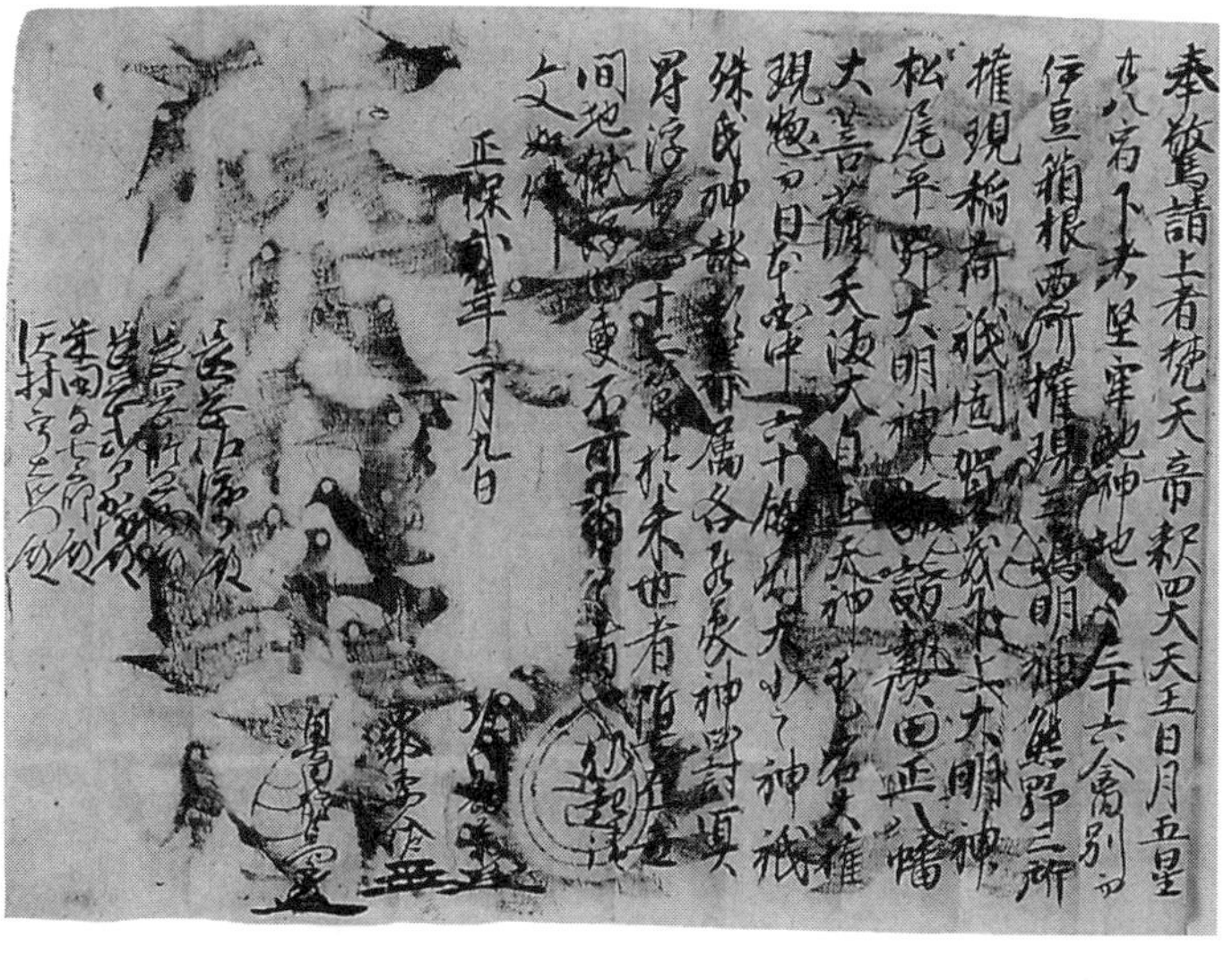

図24　正保２年２月９日　奥田権左衛門尉等三名血判

の問題だと考えねばならない。

ひるがえって慶長十年（一六〇五）、細川家督の継承者となったばかりで二〇歳の忠利は、道家《どうけ》伝三郎《でんざぶろう》と相対の主従関係を結び、血判起請文を交換していた（本書二九頁）。それは、どこまでもパーソナルな御恩と奉公の関係であり、細川家のように織豊《しょくほう》期以降に取り立てられた大名家の組織とは、本来、こうした個別の主従関係の束として出発したのであった。三斎に最期まで仕えた長岡河内守ら二八人の家臣ら一人一人は、そうした侍のまま細川家を去ることになった。しかし、忠利の家督継承決定から三〇年を経て、「御国」と「御家」は武士たちの奉公の対象として主君の人格から自立した絶対的価値を帯び、忠利自身も、みずからの使命は国と家の維持のために理想の統治者であり続けることだという自覚を高め、幕府にも、そのためのあるべき政治を強く求めるに至ったのである。

しかも、忠利らが奉仕する「御国」とは、伝統的権威の彼方にかすむ制度としてのそれではなかった。それは、村共同体を基盤に階級的・身分的主張を強化する百姓たちによって構成される、生きた統治対象としての領国であった。

百姓に対する私的・恣意的な権限行使を避け、純化された地域行政を普及させ、その上に立った領国支配を実現しなければならない。「私なき」職務執行によってのみ、そのような基盤を有する「御国家」が実現され維持されるのだと説く忠利の統治者としての到達点は、家老・奉行たちが「御国家」のために「依怙贔屓」なく、「私を立てず」と誓約した血判起請文の文言に、みごとに引継がれている。

忠利が二〇年間に及ぶ実践の過程で追求し続けた統治の理想は、家臣たちに確実に定着していた。それは、ポスト戦国世代の代表的国持大名となった忠利が、「天下泰平」の長期維持のために築いた大きな遺産であった。

「天下泰平」と忠利――エピローグ

惺窩から忠利へ

さかのぼって元和五年（一六一九）五月末。三四歳の細川忠利《ただとし》は、上洛する将軍秀忠《ひでただ》を出迎えるため、伏見にあった。かつて藤原惺窩《せいか》の教えを受けていた忠利は、この在京の機会をとらえて、あの浅野長重《ながしげ》（本書一七五頁以下）とともに惺窩に乞うて、四書《ししょ》の一つ『大学《だいがく》』の講義を受けたのであった（『日本思想大系　藤原惺窩　林羅山』）。家督相続の二年前のことである。

藤原惺窩（一五六一〜一六一九）――その人生は、戦国動乱の後半から忠利の家督相続直前までの激動の歴史と重なる。彼の「新儒学」もそうした歴史過程の中でこそ形成された現実関心の学であった（高谷治「藤原惺窩の儒学思想」）。京都冷泉《れいぜい》家の流れをくむ惺窩の家は戦国期には播磨《はりま》国三木《みき》郡に土着していたが、播磨動乱の渦中で父と兄をなくし、庇護してくれた龍野《たつの》城主赤松氏も関ヶ原合戦《せきがはらかっせん》の戦後処理で滅ぼされた。彼の代表著作である『大学要略』は、元和五年五月の忠利らへの生涯最後の講義をもとにまとめられたものだ。その末尾には、惺窩が朱子《しゅし》『大学章句』中の「天下を平らかにすることを国を治むると釈す」とのテーゼを注釈し、次のように論じたくだりが収録されている。

天下を平らかにするためには、君主が用いるべき人をよく観察して、「善人」を挙用することが第一に重要だ。第二に、天下の「土貢」(年貢)を程よく徴収して、万民が飢え寒がる事態をなくして、民を「養育」することである。天下の主人の「役《やく》」は、万民を飢えず凍えずして、「人倫」を教え、「善人」をもって治めさせる。これ以外にはないといってよい。

天下を平らかにするために肝要なのは、よく人を知ることと、財を成すことの二つである。人の主たる者は大事にも小事にも工夫を尽くすことを忘れてはならない。「君子」(為政者)が人を知らねば「小人」(不徳の者)となり、また小人が君子となれば、「官職」(上下の秩序)は成り立たなくなる。そうなれば「政法」が乱れるのは必定である。財を生じさせる道理を知らねば、でたらめな使い方をして「国用」(財政)を貧弱にし、あるいは生財の道理を乱せば「風俗貪逆《たんぎゃく》」となり、上下ともに利に溺れて五倫は乱れ、「近世ノ天下」(戦国動乱)へと逆戻りすることは疑いない。そうなれば、貧賤の民が苦しむのは言うに及ばず、富貴の者までも苦しむことになるのは自明である。

不徳の為政者たちが引き起こす混迷の戦国時代に、決して戻してはならない。惺窩が豊《ぶ》前《ぜん》・豊後《ぶんご》の太守となることを約束された忠利への最後の講義でなんとしても伝えたかったのは、このことであったに違いない。

百姓からの訴訟と職務実績評価に基づいた惣庄屋《そうじょうや》制の改革、百姓の伝統的な公訴権を尊重しながら追求した年貢徴収の契約関係、奉行職への大胆な人材登用、寛永大旱魃《かんばつ》に際しての百姓救済、地域行政機構をいかした給人《きゅうにん》領主権の管理。そして三斎の隠居権力と相対しながら追求した権力の一元化、すなわち「御国家」の確立。本書が述べてきた小倉時代の忠利の取り組みは、戦国動乱の経験の中から生み出された惺窩の新儒学における政治思想を実践する過程でもあった。「天下を平らかにする」ための理想的な統治はどうあるべきか。戦国世代の惺窩が現実との格闘の過程で得た言葉は、教科書的な次元を超えたリアリティをもってポスト戦国世代の忠利に受け継がれ、実践を通じて具現化されたのであった。

しかし、戦国の動乱の過程で強固な自治的身分団体と地域社会を作り出していた百戦錬磨の百姓たちが、一筋縄でいくはずはなかった。

小倉時代の経験をたずさえ、寛永九年（一六三二）十二月に肥後に入国してからちょうど二ヵ月後、忠利は江戸の子息光尚《みつなお》にこう書き送っていた（細一三―一〇九八）。

土一揆のリアリティ

新たな領国肥後に入ったら、「下々」をたくさん「成敗」（処刑）せざるをえなくなるので、「不届者」は片っ端から「なで切」にしようと、幕府の老中衆とも申し合わせていた。しかし、一人の科人《とがにん》も出ないので、今日にいたるまで「下々」まで一人の処刑者も出していない。これほど不思議なことはないと思っている。

衝撃的な発言である。加藤家の乱れた統治にさらされてきた肥後の百姓らが、自分を一揆で迎えるのではないか。そうして身構えた忠利の極限的な危機感と、国替えが思いのほか上々のスタートを切ったという自負を光尚に伝えたいという親心とが、忠利に本状を書かせたのであろう。

しかし忠利は、肥後での国づくりの過程で、「天下の大病は下々の草臥《くたび》れ」、すなわち「天下泰平」は百姓の再生産過程を保障する体制があってこそのものだという認識のもとで、家光に大名動員の緩和を提言し、国元には、百姓に対する「私なき」権限行使を家中の役人から惣庄屋にいたるまで一人一人の職務態度として徹底させるに至ったのであった。ときに寛永十三年、惺窩の講義を聞いてから一六年間の実践の末の到達点であった。

「統治の歴史」長き道程

ところが、忠利死去後の細川家は、決して安泰な道を歩んだわけではなかった。寛永十八年（一六四一）に忠利の跡を継いだ細川光尚は、そのわずか六年後、家中の一大リストラ計画を幕府に提出しようとした

図25　細川光尚像（公益財団法人永青文庫蔵）

(『綿考輯録《めんこうしゅうろく》』巻六十二)。このとき光尚が作成した幕府老中衆への「口上之覚」(光尚一八)には、次のようにある。

細川家では借銀《しゃくぎん》が膨れ上がり、もはや家臣を減らすしか再建の方法はありません。私が忠利の跡を継いだ寛永十八年は、肥後国中が虫害で年貢はまったく収取できませんでした。侍たちの財政は破綻し、百姓の過半は飢えました。上方の米商人から借入れて施すことでなんとかしのぎましたが、翌年の作付けも低調でした。寛永二十一年には洪水で田畠が痛んだだけでなく、熊本城廻りの石垣が破損し、修復が必要になりました。その翌年も不作となり、いまだに荒れたままの耕地もあります。……忠利の代から有事に備えて城に置いていた金銀も、使い果たしてしまいました。

忠利から光尚への代替り時期は、まさに寛永飢饉《ききん》のピークにあたり(藤田覚「寛永飢饉と幕政」)、連年の不作で百姓救済に充当する借入・支出は激増し、財政は瞬く間に破綻したのである。

そして慶安二年(一六四九)十二月二十六日、光尚は三二歳で急死する。わずか八年間余の治世は、絶望とともに閉じられた。光尚が幕府の大老酒井忠勝《さかいただかつ》らに宛てた十二月十九日付の遺書の原本(光尚一二三)には、驚愕の記述がある。

私せかれ幼少之者ニ而御座候条、跡職なと被為拝領候而、又御奉公茂不仕上様ニ御座候へハ、弥《いよいよ》迷惑ニ奉存候間、此節御国をは指上ケ申候、自分の子息は幼少なので、「跡職」（家督）を拝領しても将軍になんの御奉公もできはしない。それではまったくどうしたらいいか分からないので、この機会に「御国」を将軍に「指上ケ申」す、つまり返上したい、というのである。原本が永青文庫《えいせいぶんこ》にあることからみて、この遺書が酒井らに受理されることはなかったようだが、あの加藤家の例を見るまでもなく、一つボタンを掛け違えれば、大名家の運命は、はかないものとなった。こうして危機は細川家を、そして飢饉状況の底に沈んだ同時代の多くの大名家をも、容赦なく襲ったのだった。

忠利のもとで確立したはずの「御国家」の危機に、家老衆・奉行衆の合議体制は、そして郡内各手永《てなが》をユニットとして展開していた地域行政は、いかにして対応したのだろうか。十八世紀中葉の藩政改革までちょうど一〇〇年。時代を画するこの大きな節目まで、ポスト戦国世代を起点とする「統治の歴史」は、いくつもの波乱を含みながら、まだまだ続くのである。

あとがき

本書執筆の最終段階で呻吟していた今年三月、二つの出来事があった。

一つは、政府が国会での審議の基本資料となる行政文書をやりたい放題に隠蔽《いんぺい》・改ざんし、それによって世論までコントロールしていた事実が明らかになったことだ。国民の代表者によって構成される「国権の最高機関」（立法府）の権威と権能は、政府によって蹂躙《じゅうりん》された。第二次安倍政権の五年間は、じつに、民主制（議会制）に基づく統治のあり方が根本から破壊される過程であった。それが白日のもとに晒されたのだ。

もう一つは、木村直樹・牧原成征編『十七世紀日本の秩序形成』（吉川弘文館、二〇一八年）に接したことである。私自身もかつて『日本近世社会形成史論』なる本を出している身であり、興味深く頁をめくった。朝幕関係、対外関係、神社組織、巨大商人、下級武士層などをめぐる「秩序形成」（近世化）について、多くのすぐれた論文が収録されているにもかかわらず、「統治の秩序形成」に関するものは一本もなかった。ここには、個々の収録論文の秀逸さとは別の問題として、学界における「統治の歴史」への関心の低下が表れている。

歴史学研究の動向は現実世界を映し出す鏡である。現実の統治のあり方（政治・行政）をここまで劣化させた要因は、いうまでもなく、私たち国民の民主主義の状態への無関心にあるのだが、そうした無関心の蔓延とともに、研究者の「統治の歴史」への関心までもが、急速に低下しているのではないか。私たちは、民主制に基づく統治の実現を、まさか諦めたのではないだろう？

この本を書き上げる意味は、歴史学をめぐるこうした現状に投じられた小さな一石となる可能性に見出すことができるのではあるまいか。こんな思いをエンジンにして、なんとか脱稿にこぎつけることができた。それに、一般読書人の方々にも、「ポスト戦国世代」における統治（百姓の自己統治＝自治も含めて）のあり方がその後の歴史をどう導いたのか、ひろく知っていただきたいという気持ちが、執筆を後押ししたように思う。

研究史を顧みれば、本書の主題については、近世的な領主―百姓関係の形成過程を、強訴《ごう》《そ》（自力救済＝一揆・戦争）から越訴《おつそ》（法的解決＝裁判・平和）への「必死の転換」の過程として把握した藤木久志氏（『村と領主の戦国世界』二四九頁）、幕府農政の実効性を担う「初期の名君」の輩出を、あくまで領主―農民間の対立に規定されたものとして追跡することが「近世初期政治史の当面の課題」だとした高木昭作氏（『日本近世国家史の研究』三一七頁）らの提起によって、先鞭がつけられている。本書は、これら先学の仕事の意義を積極的に受け止め、細川忠利《ただとし》という特定の対象に即してより具体的に叙述し敷衍することで、ポスト戦国の時代像を提示したものと位置づけられるだろう。

吉川弘文館の堤崇志氏から本書の執筆依頼を頂戴したのは、二〇一四年九月のことであった。本書の祖型は、二〇一三年六月から八月まで『熊本日日新聞』に連載された「細川忠利　ポスト戦国世代の国づくり」にあり、さらに着想そのものは、『永青文庫叢書　細川家文書　近世初期編』を吉川弘文館から刊行した二〇一二年にまで遡る。執筆に長期間を要したのは、職場環境の成果主義的激変によって、時間が細切れでしか確保できなくなったこと、また、二〇一六年四月の熊本地震以降、被災文化財のレスキュー活動に携わってきたこと（稲葉「熊本における被災文化財レスキュー活動」『歴史学研究』九六一号、二〇一七年を参照）等によって、さらに多忙化したことが影響している。

それでも、被災した熊本から、熊本を舞台に日本史の最も重要な時代全体を見渡す歴史叙述を発信することができた。本書出版の意義の一つは、ここにある。

今後退職まで、まとまって物を考える時間が取れることはおそらくないと思うが、厳しい状況にあっても、焦らずコツコツ積み重ねれば仕事を形にすることができるのだ。粘り強い励ましによって、そんな実感を味わう機会をくれた堤氏、同編集部の冨岡明子氏、それに日頃からさまざまにサポートしてくれる同僚諸氏に、初校を終えるにあたって、感謝の意をささげたい。

二〇一八年五月九日　熊本龍南の研究室にて

稲葉継陽

追記　本書の内容には、日本学術振興会科学研究費補助金基盤研究（B）「近世初期永青文庫細川家文書の総合的解析による藩政確立過程の研究」（二〇一五～一八年度、研究代表者・稲葉）による成果の一部を含む。

参考文献

i　個別研究

朝尾直弘「上方からみた元和・寛永期の細川藩」（『朝尾直弘著作集　第二巻』岩波書店、二〇〇四年、所収、初出は一九六三年）
伊藤嘉章「流転する名物　中山肩衝」（東京国立博物館・永青文庫ほか編　図録『細川家の至宝』ＮＨＫ・ＮＨＫプロモーション、二〇一〇年）
稲葉継陽『戦国時代の荘園制と村落』（校倉書房、一九九八年）
稲葉継陽『日本近世社会形成史論』（校倉書房、二〇〇九年）
稲葉継陽「細川家伝来の織田信長文書」（熊本県立美術館図録『細川コレクション　重要文化財指定記念　信長からの手紙』二〇一四年）
稲葉継陽「一七世紀における藩政の成立と特質」（稲葉継陽・今村直樹編『日本近世の領国地域社会』吉川弘文館、二〇一五年）
今村直樹「近世初期大名家による公儀普請と伊豆石丁場」（『静岡県文化財調査報告書　第六六集　伊豆半島の石丁場遺跡』静岡県教育委員会、二〇一五年）
入間田宣夫『百姓申状と起請文の世界』（東京大学出版会、一九八六年）
笠谷和比古『近世武家社会の政治構造』（吉川弘文館、一九九三年）

川口恭子「きりしたんころび証文」（『熊本史学』一九・二〇、一九六一年）
神田千里『島原の乱』（中公新書、二〇一四年）
後藤典子「細川家文書に含まれる浅野内匠頭関係史料の再検討」（『熊本大学文学部附属永青文庫研究センター年報』七、二〇一六年）
後藤典子『熊本城の被災修復と細川忠利』（熊日新書、二〇一七年）
五野井隆史『敗者の日本史一四　島原の乱とキリシタン』（吉川弘文館、二〇一四年）
佐藤博信「安房妙本寺における由緒と伝統の創生」（千葉大学『人文研究』四二、二〇一三年）
高木昭作『日本近世国家史の研究』（岩波書店、一九九〇年）
高谷　治「藤原惺窩の儒学思想」（『日本思想大系　藤原惺窩　林羅山』岩波書店、一九七五年）
高濱州賀子「永青文庫所蔵の故実・武芸関係資料」（熊本大学文学部附属永青文庫研究センター編『永青文庫叢書　故実・武芸編』吉川弘文館、二〇一四年）
高柳光壽「藤原惺窩伝補遺」（『高柳光壽史学論文集　下』吉川弘文館、一九七〇年、所収、初出は一九三〇年）
戸田芳実「平民百姓の地位について」（同著『初期中世社会史の研究』東京大学出版会、一九九一年、所収、初出は一九六七年）
服部英雄・千田嘉博・宮武正登『原城と島原の乱』（新人物往来社、二〇〇八年）
林　千寿「関ヶ原合戦と九州の武将たち　総説」（八代市立博物館未来の森ミュージアム図録『八代の歴史と文化Ⅷ　関ヶ原合戦と九州の武将たち』一九九八年）

林　千寿「総論 天草・島原の乱」（八代市立博物館未来の森ミュージアム図録『天草・島原の乱』二〇〇二年）
中野　等『石田三成伝』（吉川弘文館、二〇一六年）
福田千鶴『幕藩制的秩序と御家騒動』（校倉書房、一九九九年）
藤木久志『豊臣平和令と戦国社会』（東京大学出版会、一九八五年）
藤木久志『村と領主の戦国世界』（東京大学出版会、一九九七年）
藤木久志『刀狩り』（岩波新書、二〇〇五年）
藤田　覚「寛永飢饉と幕政」（『近世史料論の世界』校倉書房、二〇一二年、所収、初出は一九八二・八三年）
水本邦彦『近世の郷村自治と行政』（東京大学出版会、一九九三年）
宮崎克則「近世初期の大名権力と奉行機構改編」（『九州史学』九四、一九八五年）
宮崎克則『大名権力と走り者の研究』（校倉書房、一九九五年）
横田冬彦「近世村落における法と掟」（『神戸大学大学院文化学研究科 文化学年報』五、一九八六年）
吉村豊雄『近世大名家の権力と領主経済』（清文堂出版、二〇〇一年）
ロバーツ・ルーク「土佐藩訴状（目安）箱の制度と機能」（深谷克己・堀新編『展望日本歴史一三 近世国家』東京堂出版、二〇〇〇年、所収、初出は一九九〇年）

ii　細川家の統治に関する共同研究

吉村豊雄・三澤純・稲葉継陽編『熊本藩の地域社会と行政』（思文閣出版、二〇〇九年）
稲葉継陽・今村直樹編『日本近世の領国地域社会』（吉川弘文館、二〇一五年）

iii　史料等

石田一良・金谷治校注『日本思想大系　藤原惺窩　林羅山』（岩波書店、一九七五年）
院内町史刊行会編『院内町誌』（一九八三年）
宇土市史編纂委員会編『新宇土市史　通史編第二巻中世・近世』（二〇〇七年）
熊本県総務部地方課編『熊本県市町村合併史（改訂版）』（一九九五年）
熊本大学文学部附属永青文庫研究センター編『永青文庫叢書　細川家文書　近世初期編』（吉川弘文館、二〇一二年）
熊本大学文学部附属永青文庫研究センター編『永青文庫叢書　細川家文書　故実・武芸編』（吉川弘文館、二〇一四年）
ゴロウニン『日本幽囚記　下』（岩波文庫、一九四六年）
城後尚年監／七浦古文書会編『徳冨家文書（一）』（七浦古文書会、二〇〇二年）
鶴田倉蔵編『原史料で綴る天草島原の乱』（本渡市、一九九四年）
土田将雄ほか編『綿考輯録　第二巻～第七巻』（汲古書院、一九八八～一九九一年）
東京大学史料編纂所編『大日本近世史料　細川家史料一～二十五』（東京大学出版会、一九六九～二〇一

六年）
東京大学史料編纂所編『大日本近世史料　小倉藩人畜改帳一～五』（東京大学出版会、一九五七～五八年）
西日本文化協会編『福岡県史　近世史料編　細川小倉藩（一）～（三）』（福岡県、一九九〇～二〇〇一年）
藩法研究会編『藩法集7　熊本藩』（創文社、一九六六年）
八代市立博物館未来の森ミュージアム編『松井家文庫所蔵古文書調査報告書一～十九』（一九九六～二〇一七年）

著者紹介

一九六七年、栃木県に生まれる

一九九六年、立教大学大学院文学研究科博士課程退学　博士（文学）

現在、熊本大学永青文庫研究センター教授

主要著書

『戦国時代の荘園制と村落』（校倉書房、一九九八年）

『日本近世社会形成史論―戦国時代論の射程―』（校倉書房、二〇〇九年）

『日本近世の領国地域社会―熊本藩政の成立・改革・展開―』（共編著、吉川弘文館、二〇一五年）

歴史文化ライブラリー
471

細川忠利
ポスト戦国世代の国づくり

二〇一八年（平成三十）八月一日　第一刷発行

著　者　稲《いな》葉《ば》継《つぐ》陽《はる》

発行者　吉川道郎

発行所　株式会社　吉川弘文館

東京都文京区本郷七丁目二番八号

郵便番号一一三―〇〇三三

電話〇三―三八一三―九一五一〈代表〉

振替口座〇〇一〇〇―五―二四四

http://www.yoshikawa-k.co.jp/

印刷＝株式会社 平文社

製本＝ナショナル製本協同組合

装幀＝清水良洋・陳湘婷

© Tsuguharu Inaba 2018. Printed in Japan

ISBN978-4-642-05871-1

JCOPY 〈(社)出版者著作権管理機構 委託出版物〉

本書の無断複写は著作権法上での例外を除き禁じられています．複写される場合は，そのつど事前に，(社)出版者著作権管理機構(電話 03-3513-6969，FAX 03-3513-6979，e-mail: info@jcopy.or.jp)の許諾を得てください．

歴史文化ライブラリー

1996. 10

刊行のことば

現今の日本および国際社会は、さまざまな面で大変動の時代を迎えておりますが、近づきつつある二十一世紀は人類史の到達点として、物質的な繁栄のみならず文化や自然・社会環境を謳歌できる平和な社会でなければなりません。しかしながら高度成長・技術革新にともなう急激な変貌は「自己本位な刹那主義」の風潮を生みだし、先人が築いてきた歴史や文化に学ぶ余裕もなく、いまだ明るい人類の将来が展望できていないようにも見えます。このような状況を踏まえ、よりよい二十一世紀社会を築くために、人類誕生から現在に至る「人類の遺産・教訓」としてのあらゆる分野の歴史と文化を「歴史文化ライブラリー」として刊行することといたしました。

小社は、安政四年（一八五七）の創業以来、一貫して歴史学を中心とした専門出版社として書籍を刊行しつづけてまいりました。その経験を生かし、学問成果にもとづいた本叢書を刊行し社会的要請に応えて行きたいと考えております。

現代は、マスメディアが発達した高度情報化社会といわれますが、私どもはあくまでも活字を主体とした出版こそ、ものの本質を考える基礎と信じ、本叢書をとおして社会に訴えてまいりたいと思います。これから生まれでる一冊一冊が、それぞれの読者を知的冒険の旅へと誘い、希望に満ちた人類の未来を構築する糧となれば幸いです。

吉川弘文館

歴史文化ライブラリー

近世史

歴史文化ライブラリー

龍馬暗殺——桐野作人
幕末の世直し　万人の戦争状態——須田　努
幕末の海防戦略　異国船を隔離せよ——上白石　実
幕末の海軍　明治維新への航跡——神谷大介
江戸の海外情報ネットワーク——岩下哲典
黒船がやってきた　幕末の情報ネットワーク——岩田みゆき
幕末日本と対外戦争の危機　下関戦争の舞台裏——保谷　徹

近・現代史

江戸無血開城　本当の功労者は誰か？——岩下哲典
五稜郭の戦い　蝦夷地の終焉——菊池勇夫
幕末明治　横浜写真館物語——斎藤多喜夫
水戸学と明治維新——吉田俊純
大久保利通と明治維新——佐々木　克
旧幕臣の明治維新　沼津兵学校とその群像——樋口雄彦
刀の明治維新　「帯刀」は武士の特権か？——尾脇秀和
維新政府の密偵たち　御庭番と警察のあいだ——大日方純夫
京都に残った公家たち　華族の近代——刑部芳則
文明開化　失われた風俗——百瀬　響
西南戦争　戦争の大義と動員される民衆——猪飼隆明
大久保利通と東アジア　国家構想と外交戦略——勝田政治
明治の政治家と信仰　クリスチャン民権家の肖像——小川原正道
文明開化と差別——今西　一
大元帥と皇族軍人　明治編——小田部雄次
明治の皇室建築　国家が求めた〈和風〉像——小沢朝江
皇居の近現代史　開かれた皇室像の誕生——河西秀哉
明治神宮の出現——山口輝臣
神都物語　伊勢神宮の近現代史——ジョン・ブリーン
日清・日露戦争と写真報道　戦場を駆ける写真師たち——井上祐子
博覧会と明治の日本——國　雄行
公園の誕生——小野良平
啄木短歌に時代を読む——近藤典彦
鉄道忌避伝説の謎　汽車が来た町、来なかった町——青木栄一
軍隊を誘致せよ　陸海軍と都市形成——松下孝昭
家庭料理の近代——江原絢子
お米と食の近代史——大豆生田　稔
日本酒の近現代史　酒造地の誕生——鈴木芳行
失業と救済の近代史——加瀬和俊
近代日本の就職難物語　「高等遊民」になるけれど——町田祐一
選挙違反の歴史　ウラからみた日本の一〇〇年——季武嘉也
海外観光旅行の誕生——有山輝雄
関東大震災と戒厳令——松尾章一
激動昭和と浜口雄幸——川田　稔

歴史文化ライブラリー

昭和天皇とスポーツ〈玉体〉の近代史――坂上康博
昭和天皇側近たちの戦争――茶谷誠一
大元帥と皇族軍人 大正・昭和編――小田部雄次
海軍将校たちの太平洋戦争――手嶋泰伸
植民地建築紀行 満洲・朝鮮・台湾を歩く――西澤泰彦
稲の大東亜共栄圏 帝国日本の〈緑の革命〉――藤原辰史
地図から消えた島々 幻の日本領と南洋探検家たち――長谷川亮一
日中戦争と汪兆銘《おうちょうめい》――小林英夫
自由主義は戦争を止められるのか 芦田均・清沢洌・石橋湛山――上田美和
モダン・ライフと戦争 スクリーンのなかの女性たち――宜野座菜央見
彫刻と戦争の近代――平瀬礼太
軍用機の誕生 日本軍の航空戦略と技術開発――水沢 光
首都防空網と〈空都〉多摩――鈴木芳行
帝都防衛 戦争・災害・テロ――土田宏成
陸軍登戸研究所と謀略戦 科学者たちの戦争――渡辺賢二
帝国日本の技術者たち――沢井 実
〈いのち〉をめぐる近代史 堕胎から人工妊娠中絶へ――岩田重則
強制された健康 日本ファシズム下の生命と身体――藤野 豊
戦争とハンセン病――藤野 豊
「自由の国」の報道統制 大戦下の日系ジャーナリズム――水野剛也
敵国人抑留 戦時下の外国民間人――小宮まゆみ
銃後の社会史 戦死者と遺族――一ノ瀬俊也
海外戦没者の戦後史 遺骨帰還と慰霊――浜井和史
学徒出陣 戦争と青春――蜷川壽惠
〈近代沖縄〉の知識人 島袋全発の軌跡――屋嘉比 収
沖縄戦 強制された「集団自決」――林 博史
陸軍中野学校と沖縄戦 知られざる少年兵「護郷隊」――川満 彰
沖縄からの本土爆撃 米軍出撃基地の誕生――林 博史
原爆ドーム 物産陳列館から広島平和記念碑へ――頴原澄子
戦後政治と自衛隊――佐道明広
米軍基地の歴史 世界ネットワークの形成と展開――林 博史
沖縄 占領下を生き抜く 軍用地・通貨・毒ガス――川平成雄
昭和天皇退位論のゆくえ――冨永 望
ふたつの憲法と日本人 戦前・戦後の憲法観――川口暁弘
団塊世代の同時代史――天沼 香
鯨を生きる 鯨人の個人史・鯨食の同時代史――赤嶺 淳
丸山真男の思想史学――板垣哲夫
文化財報道と新聞記者――中村俊介

民俗学・人類学

日本人の誕生 人類はるかなる旅――埴原和郎
倭人への道 人骨の謎を追って――中橋孝博
神々の原像 祭祀の小宇宙――新谷尚紀

歴史文化ライブラリー

役行者と修験道の歴史——宮家　準
鬼の復権——萩原秀三郎
幽霊　近世都市が生み出した化物——髙岡弘幸
雑穀を旅する——増田昭子
川は誰のものか　人と環境の民俗学——菅　豊
名づけの民俗学　地名・人名はどう命名されてきたか——田中宣一
番と衆　日本社会の東と西——福田アジオ
記憶すること・記録すること　聞き書き論ノート——香月洋一郎
番茶と日本人——中村羊一郎
踊りの宇宙　日本の民族芸能——三隅治雄
柳田国男　その生涯と思想——川田　稔

考古学

タネをまく縄文人　最新科学が覆す農耕の起源——小畑弘己
農耕の起源を探る　イネの来た道——宮本一夫
O脚だったかもしれない縄文人　人骨は語る——谷畑美帆
老人と子供の考古学——山田康弘
〈新〉弥生時代　五〇〇年早かった水田稲作——藤尾慎一郎
交流する弥生人　金印国家群の時代の生活誌——高倉洋彰
文明に抗した弥生の人びと——寺前直人
樹木と暮らす古代人　木製品が語る弥生・古墳時代——樋上　昇
古　墳——土生田純之
東国から読み解く古墳時代——若狭　徹
埋葬からみた古墳時代　女性・親族・王権——清家　章
神と死者の考古学　古代のまつりと信仰——笹生　衛
土木技術の古代史——青木　敬
国分寺の誕生　古代日本の国家プロジェクト——須田　勉
銭の考古学——鈴木公雄

各冊一七〇〇円～二〇〇〇円（いずれも税別）
▽残部僅少の書目も掲載してあります。品切の節はご容赦下さい。
▽品切書目の一部について、オンデマンド版の販売も開始しました。
詳しくは出版図書目録、または小社ホームページをご覧下さい。